Kunsten at komme igennem en krise uden at dø af stress

En guide til at navigere igennem livskriser

Anders Damkjær Møller

KUNSTEN AT KOMME IGENNEM EN KRISE UDEN AT DØ AF STRESS

En guide til at navigere igennem livskriser

KUNSTEN AT KOMME IGENNEM EN KRISE UDEN AT DØ AF STRESS

En guide til at navigere igennem livskriser

Forsideillustration: Trine Hougaard Bork

Web: www.godebeslutninger.nu

Forlag: BoD · Books on Demand, Strandvejen 100, 2900 Hellerup,

bod@bod.dk

Tryk: Libri Plureos GmbH, Friedensallee 273, 22763 Hamborg,

Tyskland

ISBN: 978-87-4305-911-0

Til Mulighedernes Trine

Indholdsfortegnelse

1. Forord

Denne bog er til dig, der står midt i en udfordring, har været igennem en eller måske ser en form for modgang ude i horisonten.

Måske føler du, at livet er ved at vælte ind over dig, at du står alene i mørket, og at der ikke er nogen vej ud. Måske sidder du med en tung følelse af, at ingen forstår dig, og at du ikke kan finde løsningen på egen hånd.

Det er en oplevelse, mange kender. Jeg har selv været der. Alligevel er der noget i os, der holder os tilbage fra at tale åbent om det og – endnu vigtigere – støtte hinanden i processen. Jeg tror, der er et uforløst potentiale i vores samfund.

Jeg har følt håbløsheden og tvivlen. Men jeg har også erfaret, at små skridt i hverdagen kan skabe forandring – uanset hvor fastlåst alt føles. Den erfaring vil jeg gerne dele med dig.

Smerten og usikkerheden, der følger med kriser som ensomhed, skilsmisse, stress eller følelsen af at miste kontrol, kan føles uovervindelige. Men der er altid en vej frem. Den vej begynder ikke med store, dramatiske handlinger, men med små, meningsfulde skridt. Skridt, som du kan tage allerede i dag.

Jeg ved, hvordan det føles at stå der, hvor du er nu. Jeg har selv stået over for lignende udfordringer og fundet en vej videre. Mange i mit netværk opfordrede mig til at skrive denne bog med ordene: *"Anders, det bør du dele, for det kan hjælpe andre."* I starten tænkte jeg: *"Mig, skrive en bog? Det kan jeg da ikke."* Men jeg indså hurtigt, at der ikke var noget, der forhindrede mig i at tage det første skridt og udleve den pointe, som går igen i bogen. Bogen er et resultat af den opmuntring og mit ønske om at give noget meningsfuldt videre til dig.

I bogen finder du konkrete råd og værktøjer, der er nemme at bruge i din hverdag. Det handler om at bryde store problemer ned i små, håndterbare skridt. Jeg deler mine egne erfaringer og metoder, jeg har samlet op igennem tiden – praktiske tilgange, som jeg ved, virker. Ikke bare for mig, men også for mange andre, der har stået i lignende situationer, og som jeg har hjulpet ud af deres livskriser.

Det vigtigste budskab, jeg ønsker at give dig, er dette:

Du har mere indflydelse, end du tror.

Små skridt gør en stor forskel, og ligesom de første ord i denne bog var det for mig, kan det første skridt være lige foran dig.

Modige hilsner fra
Anders

2. Kunsten at komme igennem en krise uden at dø af stress

Når vi befinder os i en krise, kan stress hurtigt blive en uundgåelig følgesvend. Vores tanker begynder at køre i ring, presset stiger, og kroppen reagerer.

Den knugende fornemmelse i brystet, skuldrene, der trækkes op mod ørerne, og en følelse af uro, der sitrer i maven – kroppen fortæller os, at vi står over for en storm. Men den måde, vi vælger at reagere på i disse øjeblikke, kan enten fastholde os i historien fra fortiden eller give os muligheden for at tage små og afgørende skridt mod noget nyt.

Kroppen som vejviser

Forestil dig din krop som et kompas midt i denne krise. Du har altid kroppen med dig. Ligesom et kompas kan guide os, når vi føler os fortabt i en tåge af usikkerhed, kan vores krops signaler pege os i den retning, vi har brug for, for at bryde fri af gamle mønstre.

Den "normale" vej, den vi er vant til at følge, kan være fristende, for den lover stabilitet. Men ofte holder den os fast i vores fortid – i gamle måder at håndtere problemer på. Det er en måde at overleve på, men næppe en vej til udvikling, medmindre vi er heldige nok til at få en åbenbaring. Men som vi ved, er åbenbaringer svære at planlægge efter.

Det er små skridt og planlagt adfærd derimod ikke. De små skridt er muligheder!

Kroppens rytme – en ny start

Kroppen har sin egen rytme, og den kan lede os mod en ny balance. Når vi bevæger os, selv med små, simple bevægelser, kan vi skabe en rytme, der hjælper os med at finde ro i kaos. Ligesom små, rytmiske bølger kan bevægelse og bevidsthed i kroppen føre os ud af gamle mønstre og frem mod nye handlemuligheder.

Vælger vi derimod at holde alt for os selv – at bære krisens vægt alene – kan det føre til ensomhed og i sidste ende depression. Men der er en anden vej.

"Det handler ikke om store, dramatiske ændringer"

Ved at lave bevægelse - tage små skridt - en samtale her, en handling der, kan vi skabe en spiral af positiv bevægelse, der ikke kun fører os igennem krisen, men også bringer os videre i livet.

Øjeblikke af bevidsthed

I bogen arbejder du med bevidsthed og handlinger i nuet og fremtiden. Denne bevidsthed kan være en nøgle til at finde ro og styrke i krisen.

At være åben for bevidste handlinger kræver mod

Det kræver, at vi tør dele vores tanker og følelser med andre, selv når vi har lyst til at trække os tilbage i os selv. Hvis vi vælger at blive i vores gamle fortid, risikerer vi at blive fanget i ensomhedens kløer.

Men ved at tage små skridt ud af vores trygge omgivelser, kan vi undgå denne fælde. Det handler ikke om store, dramatiske ændringer, men om små, bevidste handlinger, der fører os ud af stormen og ind i en ny virkelighed.

En praktisk strategi for at mindske stress

Når du står midt i krisen, kan det virke overvældende at se hele vejen frem. Derfor er det afgørende at tage små skridt. Del krisen op i mindre dele, og løs opgaverne én ad gangen. Spørg dig selv: *Hvad kan du gøre lige nu?*

Måske er det at lave en simpel liste over muligheder eller blot fokusere på den næste lille handling frem for hele vejen igennem krisen.

Når du begynder at tage små skridt, vil du opdage, at stressen gradvist begynder at slippe sit greb.

Lysten til at handle

Som jeg har oplevet gennem møder med mennesker, er der noget særligt ved at tage handling i små, kontrollerede og planlagte skridt. Det giver ikke bare en fornemmelse af fremdrift, men også en dybere forståelse af vores egen evne til at ændre kurs – ikke kun i en krise, men også i vores liv som helhed.

Det er denne lyst til at handle, denne tro på de små skridts kraft, jeg ønsker at vække i dig som læser.

Ligesom de relationer, jeg har mødt og samarbejdet med, der efter samtale og sparring har fundet mod til at tage små, men afgørende skridt, håber jeg, at du vil mærke samme lyst til at handle. Ikke med store omvæltninger, men med små justeringer, der fører dig videre fra fortiden og ind i en ny mulighed.

3. Lidt om følelser

Følelsernes kompas: Robert Plutchiks cirkel af følelser

Når vi står midt i en krise, kan følelser virke kaotiske og overvældende. Men følelser har en struktur og et formål, der kan hjælpe os med at navigere gennem svære tider. Robert Plutchik, en af pionererne inden for følelsespsykologi, udviklede en model, der giver os et visuelt og praktisk overblik over vores følelsesmæssige landskab. Denne model kaldes **Plutchiks Wheel of Emotions** eller på dansk "følelsernes cirkel."

Grundlæggende følelser

Plutchik identificerede otte grundfølelser, der er universelle på tværs af kulturer og biologisk forankrede i os:

- Glæde
- Tillid
- Frygt
- Overraskelse
- Sorg
- Afsky
- Vrede
- Forventning

Disse følelser er arrangeret parvis som modsætninger. For eksempel står glæde over for sorg, og tillid står over for afsky. Ved at forstå, hvordan disse følelser interagerer, kan vi bedre forstå, hvorfor vi reagerer, som vi gør.

Intensitet og nuancer

En vigtig del af modellen er, at følelser ikke er statiske. De varierer i intensitet og kan ændre sig afhængigt af situationen. For eksempel kan glæde intensiveres til ekstase eller mindskes til rolig tilfredshed. På samme måde kan frygt intensiveres til panik eller reduceres til en simpel bekymring. I Plutchiks cirkel vises dette som farvegradiater, hvor de mest intense følelser er tættest på midten.

Kombinationer skaber kompleksitet

Plutchiks model viser også, hvordan grundfølelser kan kombineres og danne mere komplekse følelser. For eksempel:

- **Glæde** + Tillid = Kærlighed
- **Overraskelse** + Frygt = Ærefrygt
- **Forventning** + Glæde = Optimisme

Denne forståelse kan hjælpe dig med at genkende de mange nuancer i egne og andres følelser.

Anvendelse af følelsescirklen i krisesituationer

Når du står i en krise, kan det være en fordel at bruge Plutchiks cirkel som et "følelseskompas." Ved at identificere dine primære følelser og deres intensitet kan du begynde at forstå, hvad de forsøger at fortælle dig. Følelser fungerer som signaler, der kan pege på, hvad du har brug for, og hvad du bør handle på.

For eksempel:

- Hvis du føler frygt, kan det være et signal om fare, der kræver, at du søger tryghed eller støtte.
- Hvis du oplever vrede, kan det indikere en grænse, der er blevet overskredet, og som skal genoprettes.

Refleksion

Tag et øjeblik til at reflektere over, hvordan du kan bruge følelsescirklen i dit eget liv. Hvilke følelser er mest fremtrædende i din nuværende situation? Hvordan kan du omdanne dem til handlinger, der støtter din trivsel?

Plutchiks cirkel minder os om, at selv når følelserne føles overvældende, kan de struktureres og bruges som en vejviser. Det handler om at lytte til dem og lade dem guide dig fremad i små, håndterbare skridt.

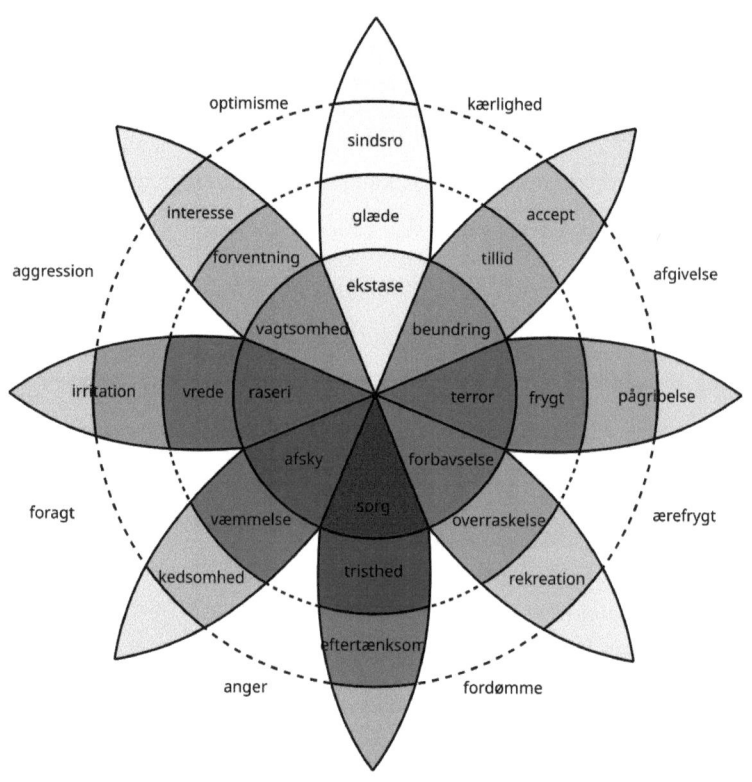

Grafik: Jurij Fedorov

4. Krisers anatomi

En krise er en af de mest udfordrende oplevelser, vi som mennesker kan gå igennem. Den kan ramme pludseligt og uventet, som en ulykke eller et tab, eller den kan opbygge sig over tid, som stress eller relationelle problemer. Fælles for alle kriser er, at de stiller vores evner til at håndtere udfordringer på en hård prøve.

Hvad er en krise?

En krise opstår, når vi oplever en situation, hvor vores vanlige strategier for at håndtere livet ikke slår til. Vi kan føle os overmandede, usikre og uden kontrol. En krise kan være personlig, som ensomhed, skilsmisse eller arbejdsløshed, eller den kan være kollektiv, som en pandemi eller en økonomisk nedtur.

Men en krise er ikke kun negativ. Det er også en mulighed for forandring og udvikling. Som den græske filosof Heraklit sagde: *"Forandring er den eneste konstant."* Kriser kan være en katalysator for, at vi bryder ud af gamle mønstre og finder nye veje frem.

De tre faser i en krise

Kriseforløbet kan opdeles i tre faser, som mange oplever på forskellig vis:

1. **Chokfasen:** Chokfasen rammer umiddelbart efter krisen opstår. Kroppen går i alarmberedskab, og vi reagerer ofte med "kæmp,

flygt eller frys". Det kan føles som om tiden står stille, og vi mister overblikket.

2. **Reaktionsfasen:** I denne fase begynder vi at forstå, hvad der er sket. Følelser som vrede, sorg, skyld eller frygt kan dukke op. Dette er en sårbar tid, hvor det er vigtigt at finde støtte og begynde at strukturere tankerne.

3. **Bearbejdningsfasen:** Her begynder vi at tage de første skridt fremad. Vi finder nye måder at håndtere situationen på og kan begynde at se muligheder for forandring og udvikling. Denne fase er ofte langsom og gradvis, men den er afgørende for, at vi kan komme styrket ud af krisen.

Hvordan en krise påvirker os

En krise påvirker os på flere niveauer:

- **Mentalt:** Tankemylder, koncentrationsbesvær og en følelse af overbelastning..
- **Fysisk:** Søvnproblemer, træthed og muskelspændinger.
- **Emotionelt:** Angst, sorg, vrede eller en følelse af tomhed.

Hjernens reaktion på kriser er ofte styret af amygdala, der aktiverer vores overlevelsesinstinkter. Det kan blokere for den mere rationelle del af hjernen, frontallappen, som vi skal bruge for at løse problemer. Derfor er det vigtigt at finde ro og strukturere vores tanker for at genskabe balancen.

"Post

traumatisk

vækst"

Krisens potentiale for vækst

Selvom en krise kan føles overmægtig, rummer den også potentialet for positiv forandring. Mange oplever "posttraumatisk *vækst*" – at de bliver stærkere, mere bevidste og mere taknemmelige efter at have overvundet en svær tid.

Nøglen til denne vækst er at tage små skridt mod forandring. Små handlinger kan skabe momentum og åbne op for nye perspektiver. Som en snebold, der starter lille, kan disse skridt rulle sig ud til store forandringer over tid.

Eksempler fra hverdagen

Forestil dig en person, der mister sit job og føler sig fuldstændig handlingslammet. I stedet for at forsøge at løse alt på én gang, starter vedkommende med at strukturere sin dag, tage en enkelt ansøgning ad gangen og tale med en ven om situationen. Disse små skridt kan være med til at genskabe handlekraften.

Opsummering

En krise er en udfordring, men den er også en mulighed for at vokse og lære. Ved at forstå krisens anatomi og tage små skridt, kan vi finde vejen ud af mørket og skabe nye begyndelser. Denne bog vil vise dig hvordan.

5: Når nogen spørger, hvordan du har det

At blive spurgt „hvordan har du det?" kan virke som et simpelt spørgsmål, men når vi står midt i en krise eller kæmper med sorgerne fra fortiden, kan det føles overvældende.

Vi står over for et valg: Skal vi åbne op og dele vores sårbarheder, eller skal vi tage en pause og finde vores ord, før vi svarer? Begge veje er gyldige og nødvendige afhængigt af situationen.

Dette kapitel handler om, hvordan du kan navigere begge scenarier på en respektfuld og konstruktiv måde – både over for dig selv og den person, der spørger.

At være åben om sine sårbarheder

Når vi står over for svære tider, kan det være en lettelse at dele vores følelser med andre. Det at være åben om vores sårbarheder kræver mod, men det kan også være en vej til forløsning og en dybere forbindelse til dem omkring os.

At kunne sige „jeg har det svært lige nu" kan invitere til støtte og forståelse fra den, der spørger. Det er vigtigt at huske, at du ikke behøver at have alle svarene eller en klar forklaring på, hvorfor du føler dig sådan. At dele din sårbarhed handler ikke om at have løsningen, men om at lade andre vide, at du har brug for plads og støtte.

Her er nogle konkrete måder, hvorpå du kan være åben om din sårbarhed, når nogen spørger, hvordan du har det:

1. **Vær ærlig uden at skulle forklare alt**: Det er okay at sige „Jeg har det svært lige nu" uden at gå i detaljer.

2. **Del så meget, som du føler dig komfortabel med:** Du kan starte småt – dele en enkelt følelse eller tanke og se, hvordan det føles.

3. **Vær klar over, at det er okay at være uperfekt:** Ingen forventer, at du har alle svarene. Det er en styrke at vise, at du er menneskelig!

Ved at åbne op kan vi finde støtte fra dem, der ønsker at lytte. Det handler ikke altid om at få råd eller løsninger, men om at føle sig set og hørt. Ved at dele vores sårbarhed giver vi andre muligheden for at være noget for os – og samtidig mindsker vi den følelse af isolation, der ofte følger med kriser.

Når du har brug for tid, før du svarer

Der er dog tidspunkter, hvor vi simpelthen ikke har lyst til at tale om vores følelser med det samme. Måske er vi ikke klar, måske har vi ikke fundet ordene endnu, eller måske har vi brug for tid til at bearbejde, hvordan vi egentlig har det. Det er også en fuldstændig gyldig måde at håndtere situationen på.

At udsætte en samtale om ens følelser er ikke det samme som at afvise hjælp eller lukke andre ude. Det handler om at respektere sig selv og tage sig den nødvendige tid til at reflektere. For at bevare en god relation til den, der spørger, kan du kommunikere, at du har brug for tid. På den måde viser du både respekt for dig selv og for den anden.

"Vær klar over, at det er okay at være uperfekt"

Her er nogle konkrete måder, hvorpå du kan udsætte samtalen uden at lukke andre ude:

Sæt grænser på en venlig måde: Du kan sige „Tak fordi du spørger, men jeg har brug for lidt tid til at tænke over det. Kan vi tale om det senere?"

Brug pausen som en chance for refleksion: At sove på det kan give dig det mentale rum, du har brug for til at bearbejde dine følelser, så du er bedre rustet til at tale åbent.

Tilbyd et konkret tidspunkt at tale senere: Det kan være hjælpsomt at foreslå en tid, hvor du er klar til at tage samtalen, så den anden ved, at du ikke afviser deres omsorg.

Denne tilgang respekterer både dine egne grænser og den person, der har spurgt. Det at tage tid til at reflektere kan faktisk gøre samtalen mere produktiv og meningsfuld, når den finder sted. Det er vigtigt, at du sørger for rent faktisk at vende tilbage til samtalen.

Respekter også andres grænser

Lige så vigtigt som det er at respektere dine egne grænser, er det også afgørende at huske, at andre mennesker har deres egne grænser. Hvis du åbner op og deler din sårbarhed, og den anden person reagerer ved at trække sig eller undgå samtalen, handler det sandsynligvis ikke om dig.

Mange mennesker er ikke vant til at håndtere sårbarhed, eller de kan føle sig utrygge ved at tale om svære følelser. Det er vigtigt at forstå, at dette ikke er en afvisning af dig, men snarere et udtryk for deres egen utryghed eller mangel på erfaring med den slags samtaler.

Handlingsplan: Naviger, når nogen spørger, hvordan du har det

1. **Vær ærlig:** Hvis du er klar til at dele, så vær åben om dine følelser og sårbarheder – det kan skabe dybere forbindelser.

2. **Tag dig tid**: Hvis du ikke er klar til at tale, så sig det – og lad den anden vide, at du vil vende tilbage, når du har haft tid til at reflektere.

3. **Respektér grænser:** Du har ret til at bestemme, hvornår og hvordan du deler dine følelser. Lyt til dig selv og handl ud fra, hvad der føles rigtigt.

4. **Respektér andres grænser**: Hvis nogen trækker sig fra samtalen, er det sandsynligvis, fordi de ikke føler sig trygge ved at tale om sårbarhed.

5. **Vær tålmodig**: Folk kan vende tilbage, når de selv står i en svær situation og søger råd eller støtte.

Hvis du selv er den, der spørger, kan du overveje at bruge spørgsmål, der er mere specifikke og mindre brede, som fx:

- „Hvad fylder mest hos dig for tiden?"
- „Hvad synes du, der går godt for tiden?"

6: Fra afmagt til handlekraft – mestring som nøglen til forandring

Oplever du kriser som en tid, hvor du føler dig afmægtig og uden kontrol?

Dette kapitel handler om, hvordan du kan gå fra en følelse af afmagt til at få handlekraft ved at bruge mestring som en nøgle til at åbne op for nye muligheder. Mestring handler om at udvikle evnen til at håndtere udfordringer og finde din egen vej frem.

Der findes forskellige måder at mestre situationer på. Når du forstår mestringens principper, kan du begynde at tage konkrete skridt for at få kontrol over de områder i dit liv, som ellers har fået dig til at føle dig afmægtig. Mestring giver dig mulighed for at opleve en følelse af kompetence, som styrker din motivation og lysten til at handle.

Problemfokuseret, emotionel og indflydelsesmæssig mestring

I arbejdet med mestring kan det være hjælpsomt at skelne mellem to hovedtyper af mestring: problemfokuseret mestring og emotionel mestring samt at træne mestring af evnen til at få øje på, hvad du har indflydelse på og kan påvirke.

Problemfokuseret mestring handler om at tage fat i selve problemet og arbejde med at løse det. Det kan være, at du laver en plan, tager konkrete handlinger eller søger hjælp fra andre. Denne form for mestring er særlig brugbar, når du oplever at have direkte kontrol over situationen, og når du kan finde konkrete måder at ændre den på.

Emotionel mestring, derimod, handler om, hvordan du håndterer de følelser, der opstår i forbindelse med en udfordring. Det kan være, at du bruger afslapningsteknikker, søger støtte fra dit netværk eller arbejder med dine tanker om situationen, så den føles mindre overvældende. Emotionel mestring er vigtigt, når problemet ikke kan ændres direkte, og når det handler om at kunne være i situationen uden at blive fanget af negative følelser.

Mestring af indflydelse handler om at få øje på blinde vinkler, der kan veksles til emner, du kan påvirke og har indflydelse på, uden direkte at være i kontrol med dem. F.eks. gennem relationer, kommunikation og adfærd – og hvordan du kan bruge dette til at skabe positive ændringer.

At finde din egen mestringsstrategi

Det første skridt mod handlekraft er at finde de mestringsstrategier, der fungerer bedst for dig. Måske opdager du, at du er bedst til at fokusere på konkrete handlinger, der kan ændre situationen, eller måske vil det gavne dig at arbejde med, hvordan du accepterer følelserne omkring situationen. Uanset hvad, så er det vigtigste at begynde med små skridt. Små handlinger kan være nok til at give dig en følelse af kontrol, som giver mod til at tage de næste skridt og få øje på skjulte muligheder.

Modellen om mestring handler om gentagelser, hvor det er vigtigt at forholde dig til alle tre faser.

Problemfokuseret mestring
Fokus på handlinger i nuet
Ændre situationen

Mestring af indflydelse
Muligheder
Små skridt til store forandringer på sigt

Emotionel mestring
Håndtering og accept af følelser
Tilpasning til situationen

"Mestring kræver, at du holder din instinktive reaktion tilbage"

Små skridt mod store forandringer

Mestring handler ikke om at løse alle problemer med det samme, men om at tage små, vedvarende skridt i den rigtige retning, alt imens du respekterer dine værdier. Når du begynder at mestre selv små dele af en udfordrende situation, vil du opleve en følelse af styrke og kontrol, som giver dig mod til at fortsætte. Ved at bruge problemfokuseret mestring, hvor du tager fat i det, du kan ændre, og ved at bruge emotionel mestring, hvor du tilpasser dine følelser til det, du ikke kan kontrollere, får du mulighed for at bevæge dig fra afmagt til handlekraft og dermed øge chancerne for at få øje på dine uforløste potentialer.

At skabe en mestringsplan

En god øvelse for at styrke din mestringsevne er at lave en konkret mestringsplan. Start med at identificere en specifik udfordring, som du gerne vil arbejde med.

Spørg dig selv:

- Hvad i denne situation kan jeg ændre, og hvordan kan jeg tage konkrete handlinger for at gøre det?

- Hvilke følelser oplever jeg, og hvordan kan jeg arbejde med dem på en måde, der gør dem lettere at håndtere?

- Hvilke små skridt kan jeg tage i dag for at opnå en følelse af kontrol?

En mestringsplan er din personlige guide til at håndtere udfordringer systematisk og målrettet. Når du laver en mestringsplan, kan du skabe et struktureret overblik:

1. Identificer udfordringen: Skriv ned, hvad det præcise problem er. Vær så specifik som muligt. For eksempel: *"Jeg føler mig overvældet af arbejdsopgaverne på jobbet."*

2. Vurder, hvad du kan ændre: Overvej hvilke aspekter af situationen, der er inden for din kontrol. Kan du omstrukturere dine arbejdsopgaver, bede om hjælp eller ændre dine prioriteringer? Notér alle de mulige løsninger, du kan komme i tanke om.

3. Fokuser på dine følelser: Hvilke følelser vækker udfordringen i dig? Angst, frustration, vrede? Beskriv dine følelser, og overvej, hvilke emotionelle mestringsstrategier du kan bruge til at håndtere dem. Det kan være at tale med en ven, praktisere dyb vejrtrækning eller finde aktiviteter, der hjælper dig med at slappe af.

4. Lav en handleplan: Ud fra de løsninger, du har identificeret, vælg et eller to konkrete skridt, som du kan tage for at begynde at løse problemet. Sørg for, at disse skridt er små og realistiske, så du ikke overvælder dig selv. For eksempel: *"Jeg vil tage 15 minutter hver morgen til at prioritere dagens opgaver"* eller *"Jeg vil bede min leder om hjælp til at prioritere mine opgaver."*

5. Evaluer og juster: Når du har taget de første skridt, er det vigtigt at evaluere, hvordan det går. Har dine handlinger hjulpet dig med at føle mere kontrol? Hvis ikke, hvad kan du justere? Måske kræver situationen en anden tilgang, eller måske skal du fokusere mere på dine emotionelle reaktioner

6. Beløn dig selv for fremskridt: Fejr de fremskridt, du gør, uanset hvor små de måtte være. Det kan være så simpelt som at anerkende dit eget arbejde, tage et varmt bad som belønning eller gøre noget andet, du virkelig nyder i hverdagen: drikke en kop kaffe, gå en tur eller give din kæreste en 'high five'. Det hele virker og er let at implementere i praksis. Fejring hjælper med at styrke din motivation og opretholde momentum.

Her er et eksempel på en mestringsplan. Vores fiktive person arbejder i en stor organisation og føler sig overvældet over at skulle præsentere de væsentligste pointer og læring efter et velgennemført projekt, som personen har ledet med succes. Kræfterne er opbrugt, og der er reelt mere brug for en pause fra arbejdet end for at kommunikere om resultaterne.

Udfordring: *Jeg føler mig stresset over en præsentation, jeg skal holde på arbejdet. Der forventes flere hundrede deltagere i auditoriet. Det er uvant for mig at præsentere, og selvom jeg er stolt og glad over resultaterne fra projektet, føler jeg mig uhensigtsmæssigt nervøs, hvilket hæmmer mig.*

Hvad kan jeg ændre og påvirke?: *Jeg kan forberede mig ved at afsætte tid hver dag frem til præsentationen for at øve fremlæggelsen. Jeg kan bevæge mig roligt rundt på arbejdspladsen og gå en tur i naturen kort før fremlæggelsen, hvilket er gavnligt for at reducere negativ stress. Jeg kan også søge støtte fra min leder, og kommunikere om min frygt på forhånd.*

Følelser og emotionel mestring: *Jeg føler mig nervøs og usikker. Det at stå på en scene gør, at jeg føler mig afklædt. Jeg vil bruge vejrtrækningsteknikker for at berolige mig selv og minde mig om, at jeg har forberedt mig grundigt. Jeg vil også tale med en ven om mine bekymringer for at få støtte. Jeg minder mig selv om, at det er normalt at være nervøs og spændt, når noget stort er på spil.*

Handleplan: *Jeg vil afsætte 30 minutter mellem kl. 10 og 11, hvor jeg er mest frisk, hver dag i den næste uge for at øve præsentationen. Jeg vil bede min kollega om at høre præsentationen to dage før, så jeg kan få feedback og tilpasse indholdet. Øvelsen vil også bestå af at træne fremlæggelsen af et andet materiale, som jeg har nemmere ved at formidle, så jeg bliver mere tryg ved at tale fra en scene. Jeg vil se videoer på YouTube om præsentationsteknik og træne de tre væsentligste redskaber, som kan hjælpe mig med at bevare roen. Kort før selve tidspunktet for præsentationen vil jeg gå en tur og få frisk luft.*

Evaluering og justering: *Efter de første par dages øvelser vil jeg vurdere, hvordan jeg har det. Hvis jeg stadig føler mig uhensigtsmæssigt nervøs, vil jeg overveje at tage en ekstra øverunde med en ven for at blive mere tryg.*

39

Jeg vil også involvere min leder, så jeg kan få opbakning og støtte i dagene op til præsentationen, herunder prioritering af min tid og hjælp til sparring omkring indholdet.

Belønning: *Jeg vil forud for præsentationen anerkende mig selv for at have lagt en plan for at mestre mine følelser. Efter præsentationen vil jeg belønne mig selv med en god middag eller en anden aktivitet, jeg nyder, for at fejre, at jeg har gennemført den.*

Refleksion: din mestringsplan

Brug denne side til at reflektere over din egen situation og skabe din egen mestringsplan. Skriv dine tanker og handlinger for at skabe mere kontrol og handlekraft i din krise:

Udfordring: Hvad er din nuværende udfordring?

Prøv at være så specifik som muligt

Hvad kan jeg ændre?
Overvej de områder, hvor du kan lave konkrete handlinger.

Hvilke små skridt kan du tage i dag?

Følelser og mestring: Hvilke følelser vækker udfordringen i dig?

Hvordan kan du arbejde konstruktivt med dem?

Handleplan: Hvilke skridt vil
du tage først?

Notér enkle handlinger, der
kan hjælpe dig på vej.

Belønning: Planlæg en
belønning til dig selv for at
markere dine fremskridt.

Du skal belønne dig selv,
uanset hvor små dine
fremskridt måtte være.

Opsummering

Mestring er nøglen til at gå fra afmagt til handlekraft. Ved at bruge
problemfokuseret og emotionel mestring samt mestring af indflydelse kan
du finde strategier, der hjælper dig med at håndtere både de praktiske og
følelsesmæssige aspekter af dine udfordringer. Små skridt er vejen til store
forandringer, og ved at finde din egen mestringsstrategi kan du skabe en
positiv udvikling i dit liv. En mestringsplan hjælper dig med at strukturere
dine handlinger, skabe klarhed og sikre, at du tager små skridt i retning af
større kontrol og handlekraft. Husk at fejre dine fremskridt og vær stolt af
de skridt, du tager mod en mere balanceret og styrket udgave af dig selv.

"En mestringsplan hjælper dig med at strukturere dine handlinger, så de bygger på dine værdier og behov"

7: Når krisen rammer igen

Når en ny krise rammer, kan det føles som om, du er tilbage til start. Men husk, du har allerede de værktøjer, der kan hjælpe dig igennem. Dette kapitel handler om, hvordan du kan bruge de samme små skridt og støttesystemer til at komme igennem en ny krise.

Hver krise kan lære os noget nyt, og ved at bruge de erfaringer, du har fra tidligere kriser, kan du bedre navigere gennem nye udfordringer.

Første skridt: Anerkend følelserne

Når krisen rammer igen, er det vigtigt først at anerkende dine følelser. Det er okay at føle sig overvældet eller modløs. Men lad ikke disse følelser styre dine handlinger. De er en naturlig del af krisehåndtering, men de behøver ikke definere din respons.

Tag en pause, og giv dig selv plads til at mærke efter. Spørg dig selv: Hvordan føles denne krise anderledes end den forrige? Hvilke redskaber har du lært fra tidligere kriser, som du kan bruge nu? At anerkende dine følelser er det første skridt mod at genvinde kontrollen.

"Når du står over for en ny krise, er det afgørende at huske, at du ikke behøver at klare det alene"

Andet skridt: Brug de samme små skridt

Du har allerede lært, at store forandringer starter med små skridt. Det samme gælder, når en ny krise rammer. Brug de samme principper, som du tidligere har anvendt – tag ét skridt ad gangen. Når tingene føles uoverskuelige, kan små handlinger hjælpe med at genopbygge din følelse af kontrol.

Hvad er én ting, du kan gøre i dag for at tage et skridt i den rigtige retning? Det kan være så simpelt som at række ud til en ven, tage en gåtur, eller blot at tage en pause og trække vejret dybt.

Tredje skridt: Træk på dit støttesystem

Når du står overfor en ny krise, er det afgørende at huske på, at du ikke behøver klare det alene. Træk på det støttesystem, du har bygget op. Mange mennesker glemmer at bruge deres netværk, især når de føler sig magtesløse. Men det er netop i disse tider, at du skal række ud til de mennesker, der kan støtte dig.

Hvem kan du tale med om, hvad du går igennem? Er der nogen, der har hjulpet dig før, som kan være en støtte igen? At genoprette forbindelsen til dit støttesystem kan give dig den styrke, du har brug for.

Fjerde skridt: Accepter tilbagefald som en del af processen

At opleve en krise igen er ikke et tegn på, at du har fejlet eller ikke har lært noget fra tidligere erfaringer. Tværtimod er tilbagefald en naturlig del af enhver helingsproces. Du er ikke den samme person, som du var første gang, krisen ramte. Du har lært, vokset og udviklet dig.

Det er vigtigt at acceptere, at livet er en cyklus af op- og nedture, og at ingen krise varer evigt. Brug denne mulighed til at reflektere over, hvad du har lært, og hvordan du kan anvende disse lektier igen.

"Du er stærkere end du tror"

Femte skridt: Evaluer og tilpas

Når du har håndteret krisen og taget de nødvendige skridt for at komme igennem den, er det tid til at evaluere og tilpasse. Hvad fungerede denne gang? Hvilke nye strategier kan du implementere for at forhindre lignende situationer i fremtiden?

Tag dig tid til at reflektere over dine handlinger, og juster din tilgang efter behov. Måske er det tid til at udvide dit støttesystem, justere dine daglige rutiner eller finde nye værktøjer, der kan hjælpe dig næste gang.

Du er stærkere, end du tror

Når krisen rammer igen, kan det føles som et tilbageslag. Men husk, at hver gang du står overfor en ny udfordring, bliver du stærkere. Du har allerede bevist, at du kan håndtere kriser, og du har de værktøjer, der skal til for at gøre det igen.

Livet vil altid byde på udfordringer, men det er ikke de udfordringer, der definerer dig – det er, hvordan du vælger at reagere på dem. Ved at tage små skridt, bruge dit støttesystem og acceptere tilbagefald som en del af processen, kan du komme stærkere igennem enhver krise.

8: Fiskerbænken – find ro og støtte i dig selv

I tider med kriser kan det føles, som om du sidder midt i en storm, hvor tankerne og følelserne hvirvler rundt uden mulighed for ro. I sådanne øjeblikke kan det hjælpe at tage en pause og sætte dig på "fiskerbænken".

Fiskerbænken er et mentalt sted, hvor du kan tage et skridt tilbage fra situationen og betragte den fra en roligere position. Her sidder du ikke alene – du har en indre version af dig selv ved din side, klar til at give dig støtte og klarhed.

Fiskerbænkens oprindelse – et sted til refleksion og ventetid

Begrebet "fiskerbænken" stammer oprindeligt fra fiskerkulturen i Skandinavien, hvor fiskerne sad sammen på en bænk ved havnen og ventede på, at vejret skulle klare op, eller tidevandet skulle skifte, så de kunne tage ud på havet. Fiskerbænken var et nødvendigt hvilested, hvor man i fællesskab kunne observere og forberede sig mentalt på det, der lå forude. Her kunne fiskerne udveksle erfaringer, dele bekymringer og strategier og måske endda opmuntre hinanden.

Det var ikke en aktiv plads – de kunne ikke påvirke naturens kræfter – men de kunne finde ro i ventetiden og få et overblik, inden de kastede sig ud i deres farefulde arbejde. Denne oprindelige betydning af fiskerbænken har i dag fundet vej til belastningspsykologi, hvor den bruges som en metafor for at tage en pause fra belastningen og observere.

Illustration: Trine Hougaard Bork

"Tag en pause fra det, der belaster dig, og observer dig selv udefra, som var du en ven"

Skab dit eget mentale billede af fiskerbænken

Forestil dig først et roligt sted i naturen – måske ved en sø eller et stille hav, hvor vandet ligger blankt og spejler himlen. Her ser du en bænk stå på bredden, omgivet af ro. Du kan høre lyden af fuglesang eller bladenes raslen i vinden. Dette er fiskerbænken, et sted skabt til at give dig et pusterum fra den hektiske hverdag eller en svær situation. Tag dig tid til at finde ro her og visualiser dig selv sidde ned. På fiskerbænken er du uden for krisen, du er blot en observatør, der kan se tingene lidt på afstand.

Mød din egen indre støtteperson

Forestil dig nu, at en anden version af dig selv sætter sig ved siden af dig på bænken. Denne version af dig selv er rolig, støttende og forstående – som en ven, der er klar til at lytte uden at dømme. I stedet for at være alene med dine bekymringer, har du nu selskab af en del af dig selv, der er klar til at støtte dig med omsorg og forståelse. Denne version af dig kan se din situation klart og nøgternt og er her for at hjælpe dig med at finde et nyt perspektiv.

Mens du sidder her, kan du begynde at tale stille og roligt med dig selv. Forestil dig, at du deler dine tanker og følelser med denne støtteperson ved din side, som en ven ville gøre det. Her er der ingen grund til at dømme eller kritisere – det handler bare om at være til stede og lytte.

Få overblik og perspektiv

Når du har delt dine tanker og følelser med din indre støtteperson, kan du begynde at se situationen lidt fra oven. Forestil dig, at du nu har en form for distance til udfordringerne, som om du kigger på dem fra en anden vinkel. Hvad kan du se nu, som du ikke kunne se før?

"Mød din egen indre støtteperson"

Prøv at spørge dig selv:

- Hvad kan jeg ændre lige nu, som kunne gøre situationen lettere?
- Hvad kan jeg give slip på, som ikke er under min kontrol?
- Hvilke små skridt kan jeg tage for at skabe mere ro og overblik?

Brug åndedrættet til at skabe ro

Når du sidder på fiskerbænken, kan du også bruge dit åndedræt som et værktøj til at finde mere ro. Tag nogle dybe, langsomme vejrtrækninger. Lad dig selv falde til ro, mens du trækker vejret dybt ned i maven. Ved hver udånding kan du forestille dig, at du slipper lidt af den spænding, der sidder i kroppen.

Afslut med en støttende tanke eller plan

Når du føler dig klar til at forlade fiskerbænken mentalt, kan du afslutte din tid her med en venlig og støttende tanke til dig selv. Du kan for eksempel sige:

- Jeg kan klare det her et skridt ad gangen.
- Jeg har de ressourcer, jeg har brug for, og jeg tager det i mit eget tempo.
- Jeg kan vende tilbage til fiskerbænken, når jeg har brug for ro og klarhed.

At bruge fiskerbænken som selvomsorg

Fiskerbænken er ikke kun en øvelse, men en mental praksis, du kan vende tilbage til, når du har brug for støtte og perspektiv. Ved at sidde ved siden af dig selv på fiskerbænken får du adgang til en dybere forståelse af dine egne behov og ressourcer. Det handler om at skabe et rum, hvor du kan give dig selv omsorg, forståelse og klarhed, så du er bedre rustet til at håndtere de udfordringer, du står overfor.

"Hvornår har du sidst talt med en nabo?"

9: Alene i et fællesskab – at række ud til andre

At føle sig alene, selv når man er omgivet af andre, er en oplevelse, som mange kender til. Det kan være en tung følelse at sidde med, især når man ser andre mennesker, der ser ud til at være forbundet og glade. Det er muligt at bo i et område med mange mennesker og stadig føle sig isoleret.

Dette kapitel handler om at tage de første skridt til at række ud til andre, selv når man føler sig alene i et fællesskab, og hvordan man kan opbygge et netværk af støtte omkring sig.

At overvinde frygten for at række ud

En af de største barrierer for at skabe nye relationer eller genopbygge gamle er frygten for at blive afvist. Det kan føles sårbart og usikkert at tage kontakt til andre, men det er ofte det første skridt mod at bryde ensomheden. At række ud handler ikke kun om at få noget fra andre, men også om at give noget af sig selv – at være åben, ærlig og villig til at dele sine følelser og tanker.

At tage dette skridt kræver mod, men det er også her, at vi kan finde vej ud af vores egen isolation. Frygten for afvisning er naturlig, men den skal ikke være en hindring. Husk på, at mange mennesker gerne vil have nogen at tale med og dele deres tanker og følelser med, men de ved måske ikke, hvordan de skal tage det første skridt. Ved at være den, der er initiativtager og åbner op, kan du skabe et rum, hvor andre føler sig velkomne og accepterede.

Konkrete måder at række ud på

1. **Start med et simpelt hej**: Nogle gange er alt, hvad der skal til, et enkelt ord eller en venlig gestus for at skabe forbindelse med nogen.

2. **Invitér på kaffe eller en gåtur**: Det er en uformel og afslappet måde at lære nogen bedre at kende på og åbne op for dybere samtaler.

3. **Tilbyd din hjælp**: Hvis du ser nogen, der har brug for hjælp, så tilbyd det. Det viser, at du er opmærksom på dem og er villig til at støtte.

4. **Vær nysgerrig og stil spørgsmål**: Vis interesse for andre ved at stille spørgsmål som „Hvad går godt for dig lige nu?" eller „Hvad fylder mest hos dig for tiden?"

Potentialet i naboer og lokal støtte

Mange gange ligger de største støttemuligheder lige omkring os – i vores naboer og lokalsamfund. Ved at række ud til dem, der er tæt på os, kan vi skabe et stærkere støttesystem og føle os mindre alene. Naboer, der kender til hinandens livssituationer, kan være en uvurderlig ressource i tider med krise eller udfordringer.

At tage initiativ – når nogen skal tage det første skridt

Det kan være svært at tage initiativet til at række ud, men nogen skal tage det første skridt. Ved at være den, der tager kontakt, sender du et signal om, at du er åben og interesseret i at skabe forbindelse. Det kan være begyndelsen på en meningsfuld relation og et stærkere fællesskab. Det har også den fordel at du har stor indflydelse på processen.

Opsummering:

- **Start småt**: Begynd med en simpel gestus, som et hej eller et smil.
- **Invitér til samtale**: Foreslå en uformel aktivitet som en gåtur eller kaffe.
- **Vær åben og hjælpsom**: Tilbyd din støtte, hvor du kan, og vis ægte interesse i andres liv.
- **Se værdien i lokal støtte**: Udnyt potentialet i de relationer, der er tættest på dig, som naboer og lokalsamfund.
- **Nysgerrighed og spørgsmål**: Stil åbne spørgsmål, der viser, at du virkelig gerne vil lytte og forstå.
- **Tag initiativet**: Vær den første til at række ud, og lad dine handlinger inspirere andre til også at skabe kontakt.

Ved at tage de første små skridt kan du bryde isolationen og opbygge relationer, der styrker både dig selv og fællesskabet.

"Sæt fortiden på pause, og fokuser på det, du kan"

10: Tilpasningsparathed – nøglen til at navigere i livets forandringer

Forandring er en uundgåelig del af livet, men vores evne til at håndtere og tilpasse os forandringer kan afgøre, hvordan vi kommer igennem kriser. Tilpasningsparathed handler ikke kun om at overleve, men om at trives ved at forblive fleksibel, samtidig med at vi holder fast i det, der betyder mest for os. Dette kapitel vil vise dig, hvordan du kan udvikle denne egenskab og bruge den som en styrke i udfordrende tider.

Hvad er tilpasningsparathed?

Tilpasningsparathed er evnen til at justere vores tanker, følelser og handlinger for at håndtere nye eller uventede situationer. Det kræver, at vi:

- Bevarer et klart fokus på det, vi kan kontrollere.
- Tør slippe det, vi ikke kan ændre.
- Er åbne for at finde nye måder at løse problemer på.

Tilpasningsparathed gør det muligt at gå fra en fastlåst tankegang til en mere handlekraftig tilgang, hvor vi ikke blot reagerer på udfordringer, men også handler proaktivt.

Sådan træner du tilpasningsparathed

At blive mere tilpasningsparat kræver små, konkrete skridt. Her er nogle metoder, du kan bruge i din hverdag:

1. **Dan et overblik:**
   - Start med at kortlægge din situation: Hvad kan jeg kontrollere? Hvad kan jeg påvirke? Hvad må jeg acceptere?
2. **Accepter forandringer som en del af livet:**
   - Spørg dig selv: "Hvad er det mindste skridt, jeg kan tage for at justere mig til denne situation?"
3. **Skab en plan B (og C):**
   - Forvent det uforudsigelige, og hav alternative planer klar.
4. **Øv dig på improvisation:**
   - Sæt dig selv i situationer, hvor du må tænke hurtigt og tilpasse dig.

Refleksionstabel: Træn din tilpasningsparathed

Nedenstående tabel er designet til at hjælpe dig med at reflektere over dine oplevelser og finde konkrete handlinger, der kan styrke din tilpasningsparathed. Tag dig tid til at udfylde tabellen baseret på dine egne erfaringer:

Situation	Hvordan reagerede jeg?	Hvad kunne jeg have gjort anderledes?	Hvad vil jeg gøre næste gang?
En uventet ændring i arbejdsopgav er	Jeg blev frustreret og følte mig overvældet.	Jeg kunne have spurgt om prioriteringer fra lederen.	Spørge om en prioriteringsliste før jeg går i gang.

Opsummering: Din vej mod handlekraft

Tilpasningsparathed er en vigtig nøgle til at genvinde handlekraft. Det handler ikke om at være perfekt eller have fuld kontrol, men om at være åben for nye løsninger og tage små, overkommelige skridt fremad. Med træning kan denne fleksibilitet blive en naturlig del af din måde at håndtere livet på. Ved at udvikle tilpasningsparathed kan du stå stærkere i mødet med livets forandringer og skabe positive resultater, selv når du står over for uventede udfordringer.

11: Behovene som vejen til trivsel – en praktisk tilgang til selvbestemmelse

I kriser kan det føles som om, verden smuldrer, og vi står magtesløse tilbage. Dette kapitel handler om at forstå dine behov som en vej til trivsel og om at acceptere, at der er ting, vi ikke kan ændre. Ved at fokusere på de elementer, vi har indflydelse på, og bevidst lade resten glide fra os, kan vi finde en form for ro og retning, selv i de sværeste tider.

Selvbestemmelsesteorien

Selvbestemmelsesteorien er en videnskabelig tilgang, der fokuserer på de psykologiske behov, som er essentielle for menneskelig trivsel og udvikling.

Teorien identificerer tre grundlæggende behov:

1. **Autonomi:** Behovet for at føle, at vi har kontrol over vores egne handlinger og beslutninger. Autonomi handler ikke om at være fuldstændigt uafhængig, men om at handle i overensstemmelse med vores egne værdier og mål. Små valg i hverdagen kan give os en følelse af kontrol, selv når ydre omstændigheder er uden for vores indflydelse.
2. **Kompetence:** Behovet for at føle sig dygtig og effektiv i sine aktiviteter. At tage små skridt og opleve succes i selv mindre opgaver styrker vores følelse af kompetence og giver mod til at tackle større udfordringer.

Mål

Støtte

Følelser

Værdier

Styrker

Kontrol

Dygtighed

Kompetence

Tilhørsforhold

Samhørighed: Behovet for at føle sig forbundet med andre. Stærke relationer kan give os støtte og perspektiv i krisetider og hjælpe os med at finde en følelse af tilhørsforhold.

Anvendelse i praksis

Når disse behov er i balance, kan vi bedre navigere gennem kriser og finde trivsel, selv når livet er udfordrende. Her er nogle praktiske måder at arbejde med selvbestemmelsesteorien på:

1. **Kontrolcirklen:** Tegn tre cirkler:
   - I den inderste cirkel skriver du det, du har fuld kontrol over (dine egne handlinger og beslutninger).
   - I den mellemste cirkel skriver du det, du har indflydelse på.
   - I den yderste cirkel skriver du det, der er uden for din kontrol. Brug denne øvelse til at fokusere din energi, hvor den gør mest nytte.

Illustration: Trine Hougaard Bork

2. **Små handlinger:** Identificer små skridt, der kan opfylde dine behov. For eksempel:
    o   For autonomi: Vælg at starte dagen med en aktivitet, der giver dig energi.
    o   For kompetence: Læg en plan for en opgave og fuldfør den.
    o   For samhørighed: Ræk ud til en ven og del dine tanker.
3. **Mindfulness:** Praktisér mindfulness ved at fokusere på nuet og lægge mærke til, hvad du kan kontrollere. Mindfulness hjælper dig med at acceptere det, du ikke kan ændre, og styrker din evne til at handle i overensstemmelse med dine værdier.

Opsummering

Selvbestemmelsesteorien giver en ramme for at forstå og arbejde med de psykologiske behov, der understøtter trivsel. Ved at fokusere på autonomi, kompetence og samhørighed kan vi finde styrke i os selv og vores relationer, selv når vi står over for udfordringer. Små skridt og konkrete handlinger kan gøre en stor forskel og hjælpe os med at genfinde balancen i svære tider.

12: Bevidste aftaler skaber tryghed

Vi ved alle, at livet byder på udfordringer, og at kriser kan opstå flere gange i løbet af livet. Det er sjældent nemt at håndtere dem på samme måde, som vi gjorde første gang, vi stødte på dem. Skam, frustration og følelsen af at gentage gamle mønstre kan ofte komme i vejen for at tage de rigtige skridt i situationen. Derfor kan det være gavnligt at arbejde med bevidste aftaler – både med dig selv og med dem, du har tæt på dig.

Selvanerkendelse som et fundament

Først og fremmest er det vigtigt at anerkende, hvor langt du allerede er kommet. Måske har du brugt tid på at arbejde med din tilgang til livet og har allerede praktiseret en bevidst tilgang til dine tanker og reaktioner. Hvis du har læst bogen og er kommet hertil, er det et praktisk bevis i sig selv. Det er ikke blot tanker, men handlinger, du har taget for at skabe forandring i dit liv. Hvornår har du sidst anerkendt dig selv for den indsats?

Det er vigtigt at minde sig selv om, at vi har værdi og styrke i de skridt, vi tager – også selvom krisen rammer flere gange. Denne selvanerkendelse er grundlaget for at kunne tage gode beslutninger, når der opstår nye udfordringer.

Værktøj 1: Daglig selvanerkendelse

For at opnå løbende selvanerkendelse kan du prøve en simpel daglig øvelse:

- Brug fem minutter hver dag, fx før sengetid, på at skrive tre ting ned, som du har gjort godt den dag.
- Disse ting skal være lavpraktiske. Små ting som at have lyttet til din krop, holdt en pause, eller sagt nej til noget, der var for meget.

På den måde holder du fokus på dine positive handlinger og anerkender de skridt, du tager hver dag. Det er vigtigt, at du gør det i forbindelse med noget, du allerede har en rutine for, så sandsynligheden for at gennemføre øvelsen er større.

At trække sig uden at miste sig selv

Når en krise opstår, kan det være fristende at trække sig fra situationen for at få vejret og tænke klart. Det er en naturlig reaktion, men det kan også føre til, at vi føler os skyldige eller skamfulde over at gentage dette mønster. Det er vigtigt at minde sig selv om, at det ikke nødvendigvis er et svaghedstegn. Faktisk kan det at trække sig være en sund strategi, hvis det sker bevidst og med et klart formål. Det er her, aftaler med dine nærmeste kommer ind i billedet.

Værktøj 2: Bevidste aftaler med dine nærmeste

Når krisen rammer, kan det være svært at huske, hvad du skal gøre, eller hvordan du bedst passer på dig selv. Derfor kan det være en stor hjælp at lave en form for "kontrakt" med dine nærmeste. Dette behøver ikke være en skriftlig aftale, men en fælles forståelse for, hvordan I håndterer situationen, når den opstår.

Kontrakt med bevidste aftaler

••••••

••••

••••

•••

•••

••••

••

•

Eksempelvis kan du lave en aftale med en ven, partner, nabo eller familiemedlem om, hvad I gør, hvis du føler dig overvældet. Det kan være at tage en pause, tage en gåtur sammen – det vigtige er, at I ved, hvad der skal ske, når tankerne føles negative.

Værktøj 3: Stressobservationspartner

Du kan bruge en relation som din "stressobservationspartner". Lav en aftale om, at de hjælper dig med at holde øje med tegn på stress, som du måske selv overser. Dette kan være fysiske symptomer som spændinger i kroppen eller ændringer i humøret.

Sørg for at lave klare aftaler om, hvad partneren skal gøre, når de ser disse tegn – fx foreslå en pause, en snak eller blot minde dig om, at "det nok skal blive godt igen".

Undgå at dvæle ved det negative

En af de store udfordringer ved at tale om kriser er, at det kan føles som at genopleve smerten. Kroppen kan ofte ikke kende forskel. Det betyder dog ikke, at du ikke skal bearbejde det, men der er en risiko for at dvæle ved det, du ikke kan, i stedet for at fokusere på, hvad du kan gøre. Her kan de bevidste aftaler hjælpe dig med at finde balancen.

Små skridt fremad, store beslutninger senere

Når man er i krise, er det afgørende, at man ikke tager store beslutninger. Dybt stressede perioder kan svække dømmekraften, og man kan risikere at handle ud fra følelserne i øjeblikket. Derfor er det vigtigt at tage små skridt, der hjælper dig med at komme tilbage i balance, før du træffer store beslutninger.

Konklusion: Bevidste aftaler skaber tryghed

At skabe bevidste aftaler er en kraftfuld måde at tage kontrol over din egen krisehåndtering på. Det handler om at anerkende, hvor du er, og hvad du har opnået, samtidig med at du skaber en tryghed i at vide, hvad der skal ske, når krisen opstår igen. Ved at have en plan, skabe et støttende netværk og bruge konkrete værktøjer som selvanerkendelse, stressobservationspartnere og små skridt-strategier, giver du dig selv konkrete handlinger og løsninger til at tage endnu bedre beslutninger.

13: Eisenhowers matrix – prioritering som vej til ro

I en krise fyldt med krav og beslutninger kan det ofte være svært at finde ro og fokus. Hvordan sikrer vi, at vores energi bliver brugt på det, der virkelig betyder noget? Eisenhowers matrix, opkaldt efter den tidligere amerikanske præsident Dwight D. Eisenhower, er et simpelt, men effektivt værktøj til at prioritere vores tid og ressourcer.

Hvad er Eisenhowers matrix?

Eisenhowers matrix opdeler opgaver i fire kategorier baseret på to parametre: vigtighed og hastende karakter. Ved at bruge denne struktur kan du lettere afgøre, hvad der kræver din opmærksomhed lige nu, og hvad der kan udskydes, delegeres eller helt fjernes fra din to-do-liste.

De fire kvadranter

1. **Vigtigt og hastende:** Disse opgaver kræver din umiddelbare opmærksomhed. Det kan være en akut krise eller en deadline, der nærmer sig.
2. **Vigtigt, men ikke hastende:** Dette er opgaver, der støtter dine langsigtede mål. Disse bør planlægges og prioriteres, da de skaber langsigtet værdi.
3. **Hastende, men ikke vigtigt:** Disse opgaver kan ofte delegeres eller reduceres, da de sjældent bidrager til dine langsigtede mål.

4. **Ikke vigtigt og ikke hastende:** Disse aktiviteter er typisk tidsrøvere og bør minimeres eller elimineres.

Eksempel på en udfyldt matrix

Vigtigt og hastende	Vigtigt, men ikke hastende
Afslutte projektopgave til deadline	Planlægge langsigtet karriereudvikling
Svare på kritisk e-mail	Forberede en sundere daglig rutine

Hastende, men ikke vigtigt	Ikke vigtigt og ikke hastende
Deltage i uplanlagt møde	Scroll på sociale medier
Besvare telefonopkald, der kan vente	Se tv i timevis

Sådan bruger du matrixen:

1. **Lav en liste over dine opgaver:** Start med at skrive alle de ting ned, du har på din to-do-liste.
2. **Placér hver opgave i en kvadrant:** Vurdér hver opgaves vigtighed og hastende karakter.
3. **Handl baseret på prioriteringen:** Tag dig af opgaver i kvadrant 1 med det samme, planlæg tid til kvadrant 2, deleger kvadrant 3, og minimer eller fjern opgaver fra kvadrant 4.

Synliggørelse som dagligt værktøj

For at få mest muligt ud af Eisenhowers matrix er det en god ide at have den synligt i dit hjem, skole eller på din arbejdsplads. Det kan være i form af en tavle, en notesbog eller en digital app. Synliggørelse hjælper dig med dagligt at reflektere over dine prioriteter og sikrer, at du holder fokus på det, der virkelig betyder noget.

Refleksion og justering

At arbejde med Eisenhowers matrix er ikke en statisk proces. Brug tid på at reflektere over, hvordan dine prioriteter ændrer sig over tid, og juster matrixen løbende for at sikre, at du altid arbejder med det, der skaber mest værdi.

Konklusion

Eisenhowers matrix er en kraftfuld metode til at bringe klarhed og struktur ind i en travl hverdag. Ved at bruge denne simple model kan du undgå at lade dig overvælde af hastende opgaver og i stedet fokusere på det, der virkelig betyder noget for dig. Små justeringer i din hverdag kan give dig en større følelse af kontrol og ro.

"Fokuser på det du allerede kan!"

14: Bevidste valg i krisetider – hvordan du skaber fremdrift

Kriser kan føles som en stillestående sump, hvor det er vanskeligt at tage et eneste skridt fremad. Men i stedet for at lade os overvælde af kaosset, kan vi vælge at tage bevidste valg, der hjælper os med at skabe fremdrift. Dette kapitel handler om, hvordan du aktivt kan gøre dig bevidst om dine valg og bruge dem som en vej til at navigere i svære tider.

At tage ansvar for dine valg

Ansvar handler ikke kun om at tage store beslutninger. Det handler også om at tage små daglige valg, som langsomt kan føre dig i den retning, du ønsker. Når du oplever en krise, kan det føles som om, du ikke har kontrol over noget. Men ved at fokusere på de områder, hvor du faktisk har indflydelse, kan du begynde at genvinde kontrollen.

Små valg med stor effekt

Små bevidste valg kan skabe store forandringer over tid. For eksempel:

1. **Prioritér din mentale sundhed:** Tag en pause og lav en øvelse i mindfulness.
2. **Forbind dig til andre:** Ræk ud til en ven eller en kollega og del dine tanker.

3. **Strukturér din dag:** Skab en enkel plan for, hvordan du vil bruge din tid, så du føler dig mere organiseret.

Værktøjer til at tage bevidste valg

Her er nogle konkrete metoder, der kan hjælpe dig med at skabe klarhed over dine valg og deres konsekvenser:

1. **Beslutningsmatricen:** Skriv ned, hvilke valg du står overfor, og vurder deres potentielle fordele og ulemper.
2. **Refleksionsøvelser:** Spørg dig selv: „Hvilke små skridt kan jeg tage i dag, som vil bringe mig nærmere mine mål?"
3. **Visualisering:** Forestil dig de langsigtede effekter af dine beslutninger, og hvordan de vil påvirke dit liv positivt.

Undgå beslutningslammelse

I krisesituationer er det let at blive handlingslammet, fordi presset fra situationen får alle valg til at virke uoverskuelige. En metode til at bryde denne lammelse er at fokusere på det næste lille skridt fremad. Selv en lille handling kan give dig en følelse af fremdrift og motivation til at fortsætte.

Handling i praksis

For at tage bevidste valg i praksis, kan du:

- **Planlægge små daglige handlinger:** Lav en liste over ting, du vil opnå i løbet af dagen, og start med den mest enkle opgave.

- **Reflektere over dine prioriteringer:** Vurdér, hvad der er vigtigst lige nu, og fokuser din energi der.
- **Søge støtte:** Del dine tanker og valg med nogen, du stoler på, for at få nye perspektiver.

Konklusion

Bevidste valg er nøglen til at skabe fremdrift, selv når det føles, som om verden står stille. Ved at fokusere på små handlinger og tage ansvar for det, du kan kontrollere, kan du bryde ud af stilstanden og bevæge dig mod en lysere fremtid. Det handler ikke om store, drastiske beslutninger, men om at tage det næste lille skridt fremad.

15: Fra stagnation til handling – en guide til at genvinde momentum

I tider med krise eller usikkerhed kan det føles, som om hele verden står stille. Stagnation er en naturlig reaktion på overbelastning, men den kan også skabe frustration og en følelse af fastlåsthed. Dette kapitel handler om, hvordan du kan genvinde momentum ved at bryde opgaver ned, tage små skridt og fokusere på de handlinger, der virkelig gør en forskel.

Hvad er stagnation, og hvordan genkender du den?

Stagnation opstår, når vi undgår at handle på grund af overbelastning, frygt eller usikkerhed. Det kan vise sig som:

- En manglende evne til at tage beslutninger.
- En konstant udsættelse af opgaver.
- En følelse af at sidde fast uden at vide, hvor man skal starte.

Det er vigtigt at genkende disse tegn, så du kan begynde at bryde mønstret og skabe bevægelse igen.

Små skridt mod store mål

Den mest effektive måde at overvinde stagnation på er at fokusere på små, overskuelige skridt. Her er nogle strategier, der kan hjælpe:

1. **Del opgaverne op:** Tag en stor opgave og bryd den ned i mindre dele. Fokuser på at løse en ting ad gangen.
2. **Start med det letteste:** Vælg en opgave, der er nem at starte med. Selv en lille succes kan give dig motivation til at fortsætte.
3. **Sæt realistiske mål:** Definér, hvad du vil opnå på kort sigt, og undgå at presse dig selv til at løse alt på én gang.

Værktøjer til at skabe fremdrift

Her er nogle praktiske metoder til at bryde ud af stagnation og genskabe momentum:

1. **Tidsblokering:** Planlæg bestemte tidsrum, hvor du fokuserer på en specifik opgave uden forstyrrelser.
2. **Progressionslog:** Notér på papir de fremskridt, du gør hver dag, uanset hvor små de måtte være. Det hjælper med at opbygge en følelse af fremdrift.
3. **Beløn dig selv:** Anerkend dine egne fremskridt ved at fejre selv de mindste milepæle.

Fokus på det, du kan kontrollere

Nogle gange kan stagnation føles uovervindelig, fordi vi bruger energi på ting, der ligger uden for vores kontrol. Brug kontrolcirklen til at identificere, hvad du har direkte indflydelse på, og fokusér din energi der. Det kan give en følelse af empowerment og reducere frustration.

Eksempel: Fra kaos til klarhed

Forestil dig, at du står over for en stor opgave på arbejdet, som virker uoverskuelig. Ved at:

- Bryde opgaven ned i delopgaver (fx research, udarbejdelse af et udkast, præsentation).
- Dedikere 30 minutter hver dag til en specifik delopgave.
- Fejre hver delopgave, du afslutter, så får du en fornemmelse af fremdrift og kontrol.

Konklusion: Små skridt skaber store forandringer

Stagnation kan være en udfordrende tilstand, men ved at fokusere på små skridt, realistiske mål og det, du kan kontrollere, kan du bryde fri og skabe fremdrift. Husk, at selv den mindste handling kan være starten på en større bevægelse. Det handler om at tage det første skridt.

"Når du finder balance mellem at støtte dig selv og andre, styrker du både din trivsel og dine relationer"

16: At skabe balance mellem ansvar og selvomsorg

I en travl og ofte krævende verden kan det være udfordrende at finde balancen mellem ansvar og selvomsorg. Når vi står midt i kriser eller perioder med stort pres, kan vi nemt miste os selv i forsøgene på at opfylde andres forventninger eller løse problemer. Dette kapitel handler om at skabe en bæredygtig balance, der styrker både din trivsel og din evne til at tage ansvar.

Hvorfor er balancen vigtig?

Når vi prioriterer ansvar over selvomsorg, risikerer vi at brænde ud. Omvendt, hvis vi kun fokuserer på os selv, kan vi miste forbindelsen til de mennesker og forpligtelser, der betyder mest for os. Balancen mellem de to sikrer, at du kan være der for andre uden at gå på kompromis med din egen trivsel.

Tegn på ubalance

Det er vigtigt at kunne genkende tegnene på ubalance, så du kan handle i tide. Nogle af de mest almindelige tegn inkluderer:

- Fysisk eller mental udmattelse.
- Følelse af skyld, når du tager tid til dig selv.

- En konstant følelse af, at du ikke gør nok, uanset hvor meget du arbejder.

At skabe en personlig balanceplan

En balanceplan er et værktøj, der hjælper dig med at navigere mellem ansvar og selvomsorg. Her er nogle trin, du kan følge for at skabe din egen:

1. **Identificér dine prioriteter:** Lav en liste over, hvad der er vigtigst for dig lige nu. Del dem op i kategorier som arbejde, familie og personlig trivsel.
2. **Sæt grænser:** Lær at sige nej til opgaver eller forpligtelser, der ikke er i tråd med dine prioriteter. Grænser er en vigtig del af selvomsorg.
3. **Planlæg tid til dig selv:** Sørg for, at der i din kalender er dedikeret tid til aktiviteter, der genoplader dig – hvad enten det er motion, meditation eller tid med venner.
4. **Evaluer løbende:** Reflektér regelmæssigt over, hvordan din balanceplan fungerer, og juster den efter behov.

Øvelser til at styrke balancen

1. **Kontrolcirklen:** Tegn tre cirkler for at kortlægge, hvad du har kontrol over, hvad du kan påvirke, og hvad du skal acceptere. Brug dette som en guide til at fokusere din energi.

2. **Daglig refleksion:** Skriv ned, hvad du har gjort for både ansvar og selvomsorg i løbet af dagen. Dette skaber bevidsthed om din balance.

3. **Mindfulness:** Praktisér mindfulness-øvelser for at finde ro i nuet og undgå at lade stress tage overhånd.

Støtte fra dit netværk

At skabe balance handler ikke kun om individuelle handlinger. Dit netværk spiller en vigtig rolle. Del dine tanker med dem omkring dig, og vær åben om, hvordan de kan støtte dig. Samtidig kan du også opmuntre dem til at finde deres egen balance.

Konklusion: En dynamisk proces

Balancen mellem ansvar og selvomsorg er ikke statisk – den kræver løbende opmærksomhed og justering. Ved at skabe en personlig balanceplan, sætte klare grænser og trække på støtte fra dit netværk kan du opnå en bæredygtig tilgang, der styrker både din trivsel og dine relationer. Husk, at små skridt mod balance kan gøre en stor forskel i det lange løb.

17: Fra konflikt til samarbejde – nøglen til bedre relationer

Konflikter er ofte en uundgåelig del af kriser, men de behøver ikke at være destruktive. Tværtimod kan de, hvis de håndteres korrekt, blive en mulighed for at skabe dybere forståelse og stærkere relationer. Dette kapitel handler om, hvordan du kan gå fra konflikt til samarbejde ved at bruge konkrete strategier og værktøjer.

Hvad er en konflikt?

En konflikt opstår, når to eller flere parter har modstridende behov, interesser eller perspektiver. Konflikter kan variere fra mindre uoverensstemmelser til dybere problemer, der udfordrer relationer. Fælles for dem alle er, at de ofte skaber frustration, misforståelser og afstand.

At forstå konfliktens kerne

Før du kan løse en konflikt, er det vigtigt at forstå, hvad der ligger bag. Konflikter handler sjældent kun om det, der bliver sagt på overfladen. Ofte drejer de sig om:

- **Uopfyldte behov:** Hvad mangler du eller den anden part?
- **Forskellige perspektiver:** Hvordan ser hver person situationen?
- **Følelser:** Hvilke følelser driver konflikten?

~~"Du lytter aldrig!"~~

"Jeg føler mig
overset"

Ved at stille spørgsmål som "Hvad handler dette egentlig om?" kan du begynde at identificere konfliktens kerne.

Strategier til at håndtere konflikter

1. **Lyt aktivt:** Giv den anden part din fulde opmærksomhed uden at afbryde. Bekræft, at du har forstået deres perspektiv ved at gentage det tilbage med egne ord.
2. **Hold følelserne i skak:** Reager ikke på impulser eller vrede. Tag en pause, hvis du har brug for det, så du kan vende tilbage med et roligt sind.
3. **Sørg for klare budskaber:** Vær ærlig og direkte om, hvad du oplever, men gør det uden at beskylde. Brug "jeg"-udsagn som "Jeg føler mig overset, når..." i stedet for "Du lytter aldrig."

Fra konflikt til samarbejde

Konflikter kan blive en mulighed for samarbejde, hvis begge parter er villige til at arbejde sammen om at finde en løsning. Her er nogle skridt til at gå fra konflikt til samarbejde:

1. **Definér det fælles mål:** Find et punkt, hvor I begge er enige, og brug det som udgangspunkt. For eksempel: "Vi ønsker begge en bedre arbejdsfordeling."
2. **Generer løsningsforslag:** Brainstorm ideer uden at dømme dem på forhånd. Fokusér på, hvad der kunne fungere for begge parter.

3. **Indgå kompromisser:** Vær villig til at give lidt for at møde den anden part på halvvejen. Det handler om at finde en balance, der tilfredsstiller begge parter.

At forebygge fremtidige konflikter

Forebyggelse er altid bedre end helbredelse. Her er nogle tips til at minimere fremtidige konflikter:

- **Kommunikér klart:** Undgå antagelser ved at være tydelig om dine behov og forventninger.
- **Opbyg tillid:** Vær ærlig og pålidelig i dine relationer, så andre føler sig trygge ved at dele deres tanker.
- **Løs problemer tidligt:** Tag fat i små uenigheder, før de vokser til store konflikter.

Konklusion: Konflikter som en mulighed

Konflikter er ikke altid behagelige, men de kan være en katalysator for positiv forandring. Ved at forstå konfliktens kerne, bruge strategier til at håndtere den og fokusere på samarbejde, kan du vende udfordringer til styrkede relationer. Husk, at det handler om at lytte, lære og finde veje fremad sammen.

"Det er en illusion, at vi er alene med vores udfordringer"

18: At finde styrke i sårbarhed – når deling skaber forbindelse

Sårbarhed er ofte forbundet med svaghed, men i virkeligheden er det en af de stærkeste egenskaber, vi besidder som mennesker. Ved at være åbne og ærlige om vores sårbarheder kan vi skabe dybere forbindelser med andre og finde en styrke, der hjælper os gennem livets udfordringer. Dette kapitel handler om, hvordan du kan omfavne din sårbarhed og bruge den som en kilde til styrke og samhørighed.

Hvad betyder det at være sårbar?

Sårbarhed handler om at turde vise sine ægte følelser og tanker, selv når det føles ubehageligt eller risikabelt. Det er en handling, der kræver mod, fordi det åbner os op for mulig kritik eller afvisning. Men det er netop i denne åbenhed, at vi kan finde vores største styrke.

Hvorfor er sårbarhed vigtigt?

1. **Skaber forbindelse:** Når vi deler vores sårbarheder, giver vi andre mulighed for at relatere til os på et dybere niveau.
2. **Opbygger tillid:** At vise sårbarhed signalerer ærlighed og autenticitet, hvilket styrker relationer.
3. **Reducerer isolation:** Ved at være åbne bryder vi illusionen om, at vi er alene med vores udfordringer.

Hvordan kan du omfavne din sårbarhed?

1. **Start med dig selv:** Vær ærlig over for dig selv om dine følelser og behov. Skriv dem eventuelt ned for at skabe klarhed.

2. **Del med nære relationer:** Begynd med at dele dine tanker med personer, du stoler på. Dette kan være en ven, partner eller familiemedlem.

3. **Vær tålmodig:** Det kan tage tid at blive komfortabel med at dele sårbarheder. Tag det i dit eget tempo.

Værktøjer til at arbejde med sårbarhed

- **Sårbarhedsjournal:** Skriv dagligt om de situationer, hvor du følte dig sårbar, og hvad du lærte af dem.

- **Mindfulness:** Brug mindfulness til at acceptere dine følelser uden at dømme dem. Dette kan hjælpe dig med at være mere åben og ærlig.

- **Refleksion:** Spørg dig selv: Hvad frygter jeg mest ved at være sårbar? Og hvad kan jeg vinde ved at dele mine tanker og følelser?

Eksempel: Fra skjult til delt

Forestil dig en medarbejder, der konstant føler sig overbelastet, men ikke deler det med sin leder. Ved at tage mod til sig og ærligt forklare situationen, kan medarbejderen ikke blot få støtte, men også skabe en bedre arbejdsrelation baseret på ærlig kommunikation.

Konklusion: Sårbarhed som en styrke

Sårbarhed er ikke en svaghed, men en styrke, der giver os mulighed for at forbinde os dybere med os selv og andre. Ved at omfavne vores sårbarhed kan vi finde en autentisk styrke, der hjælper os gennem udfordringer og skaber et liv med større samhørighed og mening.

"Hvis du aldrig er sårbar, hvordan skulle du så kunne mærke livet?"

19: At finde mening i modgang – når kriser bliver katalysatorer

Kriser er ofte forbundet med kaos og smerte, men de kan også være en mulighed for at finde ny mening og retning i livet. Dette kapitel handler om, hvordan du kan bruge modgang som en katalysator for personlig vækst og forandring.

Modgang som en del af livet

Ingen kan undgå modgang. Det er en uundgåelig del af det menneskelige liv. Spørgsmålet er ikke, om vi vil møde udfordringer, men hvordan vi vælger at reagere på dem. Modgang kan enten lægge os ned eller blive en anledning til at vokse.

Hvad kan vi lære af modgang?

1. **Resiliens:** Modgang kan styrke vores evne til at håndtere fremtidige udfordringer.
2. **Prioriteringer:** Kriser kan give os en klarere fornemmelse af, hvad der virkelig betyder noget i vores liv.
3. **Empati:** Når vi selv oplever smerte, kan det øge vores forståelse og medfølelse for andre.

Hvordan finder du mening i modgang?

1. **Reflekter over oplevelsen:** Spørg dig selv: Hvad har denne oplevelse lært mig om mig selv og mine omgivelser?
2. **Sæt små mål:** Fokuser på små skridt, der kan hjælpe dig med at bevæge dig fremad.
3. **Del din historie:** Ved at dele dine erfaringer med andre kan du finde styrke i fællesskab og inspirere andre til at finde mening i deres egne udfordringer.

Værktøjer til at navigere modgang

- **Skriv en mening-dagbog:** Notér hver dag, hvad du har lært af dagens udfordringer.
- **Fokuser på det positive:** Prøv at finde mindst én positiv ting, der er opstået som følge af modgangen.
- **Søg inspiration:** Læs historier om andre, der har overvundet lignende udfordringer.

Et eksempel: Fra tab til transformation

Forestil dig en person, der mister sit job og føler sig fortabt. Ved at bruge tiden til at reflektere over sine kompetencer og interesser kan denne person finde en ny karrierevej, der giver mere mening og tilfredshed end det tidligere job.

Konklusion: Modgang som en mulighed

Kriser og modgang er ikke lette at håndtere, men de kan åbne døren til nye perspektiver og muligheder. Ved at se modgang som en katalysator for personlig vækst kan vi finde mening selv i de mest udfordrende tider. Husk, at det ofte er gennem vores sværeste oplevelser, at vi finder vores største styrker og læringer.

20: Hvad er en god beslutning?

Når mennesker står over for forskellige krisetyper, påvirker det vores beslutningsstil markant:

1. **Aktuel krise** – Her bliver vi ofte mere kompromissøgende eller risikovillige.

   Under presset af her-og-nu-omstændigheder har vi tendens til enten at søge hurtige løsninger, der kan lindre krisen, eller tage større chancer for at løse problemet hurtigt.

   At være kompromissøgende kan indebære, at du frasorterer det, der er uenighed om og hurtigt søger frem mod et standpunkt på midten.

   Beslutningen kan føles nødvendig frem for optimal.

2. **Fortidens krise** – Når vi træffer beslutninger baseret på en tidligere krise, kan vi blive fastlåste i mønstre og handlemåder, som var hensigtsmæssige dengang, men ikke nødvendigvis nu.

   Frygten for gentagelse gør, at vi ofte undgår risici og holder os til kendte veje.

3. **Krise i horisonten** – Når vi ser en krise komme, er vi typisk mere forsigtige og strategiske.

Vi har en tendens til at søge kontrol og forberede os ved at træffe gennemarbejdede beslutninger, hvor både muligheder og risici bliver overvejet, hvilket fremmer bæredygtighed i handlingerne.

Disse forskelle betyder, at forståelsen af krisens natur kan hjælpe os med at tage mere målrettede og velovervejede beslutninger, hvor vi undgår at lade os styre af øjeblikkets pres eller fortidens mønstre.

Når vi tænker på gode beslutninger, falder vi ofte i fælden af at tro, at de skal være perfekte. Perfektion kan dog være en skrøbelig målsætning, som sjældent giver plads til de nuancer og den kompleksitet, som livet byder på.

En god beslutning er ikke nødvendigvis den, der er uden fejl eller usikkerheder, men snarere den beslutning, der er bæredygtig. Den er gennemtænkt, og ikke overtænkt, tager højde for både positive og negative konsekvenser og passer til det, du ved om vores situation lige nu.

Men hvad betyder det egentlig at træffe en bæredygtig beslutning?

Og hvordan kan du lære at handle på en måde, der understøtter din langsigtede trivsel, uden at lade dig styre af perfektionens lokkende, men uopnåelige løfte?

Bæredygtige handlinger frem for perfektion

En bæredygtig beslutning er en handling eller løsning, der kan opretholdes over tid, fordi den både er realistisk og tilpasset de ressourcer, du har til rådighed.

"Træf gode beslutninger nu"

Den tager højde for dine egne behov og dem, der er tæt på dig, og er baseret på det bedste grundlag, du har i nuet.

Bæredygtige beslutninger er ikke nødvendigvis dem, der føles mest komfortable eller hurtigst leder til belønning.

Bæredygtige beslutninger er de valg, som giver dig mulighed for at handle uden at dræne dig selv eller skabe ubalance i vores relationer.

Perfektion kan i modsætning hertil skabe unødig stress og angst.

Hvis du forsøger at leve op til urealistiske forventninger om, at dine beslutninger skal være fejlfrie, risikerer du at fastlåse dig selv. Du kan blive så optaget af at vælge "det rigtige," at du slet ikke tør vælge. Der bliver med andre ord ikke truffet nogen beslutning. Er det mon en god beslutning?

En god beslutning er en, hvor du vælger bevidst, tør være åben over for læring og tager små skridt frem mod dit mål.

Bevidsthed om konsekvenser: De positive og negative

En central del af at træffe gode beslutninger er at være bevidst om de sandsynlige konsekvenser, og handle på forhånd. Det handler ikke om at forudsige fremtiden, men om at være bevidst om både de positive og negative konsekvenser, som dine beslutninger kan medføre.

Ved at overveje disse på forhånd og have en plan for, hvordan du vil håndtere udfordringerne, hvis de opstår, står du stærkere. En sådan forberedelse skaber ikke bare tryghed, men gør dig også mere handlekraftig og fleksibel, når du møder modgang. Det handler om at tage ansvar for dine valg og være klar til at navigere i både gode og svære situationer.

Positive konsekvenser kan f.eks. være øget trivsel, styrkede relationer eller følelsen af at bevæge dig fremad. Når du bevidst vælger handlinger, der er i tråd med dine værdier og behov, oplever du en dybere tilfredsstillelse og mening.

Negative konsekvenser bør dog også overvejes, og her er det vigtigt at være ærlig overfor dig selv.Det kan være udfordrende at se de mindre ønskværdige resultater i øjnene, men en god beslutning tager dem med i betragtningen.

Ved at forholde dig til dem på forhånd skaber du en beredskabsplan, der gør det lettere at handle rationelt, når udfordringer opstår.

Dette forhindrer, at du udelukkende reagerer på spontane følelser og hjælper dig med at bevare fokus og ro, selv når du står over for uventede problemer.

Negative konsekvenser kan indebære, at du møder modstand fra andre, at du føler dig usikker eller skal investere ekstra energi i at justere kursen.

Ved at være opmærksom på disse konsekvenser kan du tage bedre vare på dig selv og dine nærmeste – og om nødvendigt være åben for at justere dine beslutninger hen ad vejen.

Beslutninger påvirker dem omkring os

En beslutning er sjældent kun relevant for os selv.

Dine valg påvirker også de mennesker, du har tætte relationer til – familie, venner, naboer og kolleger.

En bæredygtig beslutning tager hensyn til disse relationer og reflekterer en ansvarlig tilgang til dit eget velbefindende såvel som andres.

Ved at være opmærksomme på, hvordan dine handlinger påvirker dine nærmeste, kan du skabe beslutninger, der styrker dine relationer frem for at svække dem.

Det betyder dog ikke, at du skal tilsidesætte dine egne behov for at gøre andre glade.

Tværtimod!

En god beslutning balancerer dit eget velbefindende med hensynet til andre og er baseret på en forståelse af, at vi alle er forbundne.

Når du træffer beslutninger, der både er realistiske og hensynsfulde, styrker du både dig selv og dem, du har omkring dig.

Hvordan kan du omsætte alt dette til praksis?

Her er nogle små skridt, der kan hjælpe dig med at træffe bæredygtige og bevidste beslutninger:

- **Reflekter over dit mål**: Spørg dig selv, hvad du ønsker at opnå med beslutningen. Hvordan vil dette valg støtte din trivsel på lang sigt? Er det et skridt, du kan opretholde over tid?

- **Overvej konsekvenserne**: Tag dig tid til at tænke over, hvilke positive og negative konsekvenser beslutningen kan have, både for dig selv og de mennesker omkring dig. Er du villig til at tage ansvar for disse?

- **Vær realistisk med dine ressourcer:** Overvej, hvilke ressourcer – tid, energi, økonomi – du har til rådighed, og om beslutningen er realistisk i forhold til disse. En god beslutning kræver, at du ikke overbebyrder dig selv unødigt.

- **Accepter usikkerhed:** Perfektion er en illusion. Der vil altid være ukendte faktorer og en vis grad af usikkerhed. En bæredygtig beslutning handler ikke om at have alle svarene, men om at være villig til at justere undervejs.

- **Evaluer og lær:** Når du har truffet en beslutning, så vær åben for at evaluere dens effekt og lære af den. En god beslutning er ikke en fastlåst handling, men snarere en proces, hvor du er villig til at tilpasse dig og vokse.

En god beslutning er ikke nødvendigvis den perfekte, men den bevidste og bæredygtige. Det er en beslutning, der respekterer både dine egne behov og hensynet til dem omkring dig. Ved at slippe ideen om perfektion og i stedet fokusere på de små skridt mod bæredygtig trivsel, kan du skabe handlinger, der ikke kun styrker os selv, men også de mennesker, vi holder af, og potentielt skabe nye relationer undervejs.

I en krise kan det føles overvældende at træffe store beslutninger, men ved at tage ét skridt ad gangen og være åben for læring skaber vi et solidt grundlag for vores fremtid.

Fase	Fordele	Ulemper
Reflekter over dit mål	Klart mål skaber retning og motivation	Kan føre til overanalysering og beslutningslammelse
Overvej konsekvenserne	Øget positiv forståelse af valget	Muligt negativt fokus øger usikkerheden
Vær realistisk med dine ressourcer	Beslutningen er realistisk og kan opretholdes over tid	Kan begrænse beslutninger til det sikre valg
Accepter usikkerhed	Fleksibilitet ved uforudsigelighed og fejl	Usikkerhed kan skabe frygt og tøven
Evaluer og lær	Lærer af erfaringer og tilpasser fremtidige beslutninger	Risiko for at undgå at konfrontere fejl og lære af dem.

Ved at skabe balance i faserne undgår du ekstreme tilstande, hvor en beslutning bliver enten for risikabel, for energikrævende eller for ensidigt fokuseret på muligheder frem for behov. En god beslutning er bæredygtig, når disse faktorer balancerer.

Den er potentielt langtidsholdbar, understøtter din trivsel og minimerer stress og ubalance.

"Selvkritik er ofte en af de største hindringer for trivsel under kriser"

21: Selvomsorg uden selvkritik – en bæredygtig vej til din trivsel

Problemet: Selvkritik som en barriere for din trivsel

Selvkritik kan være en af de største hindringer for din trivsel. Måske har du lagt mærke til, hvordan den indre kritiske stemme dukker op, særligt når du føler, at du ikke lever op til dine egne eller andres forventninger. Denne stemme underminerer din følelse af værdi og gør det svært at give dig selv den omsorg og venlighed, du har brug for i udfordrende tider.

Selvkritik får dig ofte til at føle dig utilstrækkelig og uværdig til selvomsorg, hvilket kan føre til en negativ spiral af lavt selvværd og stress. Når du gentagne gange kritiserer dig selv, kan det blive sværere at møde dig selv med selvomsorg og forståelse. For at bryde denne cyklus er det nødvendigt at forstå, hvorfor selvkritik arbejder imod din trivsel, og hvordan du kan skabe balance mellem selvmedfølelse, selvomsorg og egenomsorg for at opbygge en langsigtet, bæredygtig tilgang til at reducere selvkritik.

Forklaringen: Hvordan selvkritik hæmmer din selvomsorg

Selvkritik kan undergrave din trivsel og forhindre dig i at tage de nødvendige skridt til at opbygge en selvomsorgsfuld hverdag. Her er nogle af de vigtigste grunde til, at selvkritik kan stå i vejen for din evne til at passe på dig selv:

1. **Selvkritik dræner din mentale og følelsesmæssige energi**
   - ○ Når du bruger tid og energi på at tænke negativt om dig selv, kan det udmatte dig mentalt og følelsesmæssigt. Denne udmattelse gør det svært at finde overskud til at prioritere selvomsorg, som fx gode søvnvaner, sund kost og pauser.

2. **Selvkritik mindsker dit selvværd og troen på, at du fortjener omsorg**
   - ○ Når du gentagne gange kritiserer dig selv, kan du begynde at føle, at du ikke er værdig til omsorg og opmærksomhed, hverken fra dig selv eller andre. Dette kan gøre det sværere at tage vare på dine behov, fordi du kan begynde at tro, at du ikke fortjener det.

3. **Selvkritik skaber fokus på fejl fremfor udvikling**
   - ○ Selvkritik får dig til at se dine fejl som beviser på, at du ikke er god nok, frem for som muligheder for at lære og udvikle dig. Denne indstilling hæmmer din udvikling, fordi du bliver bange for at fejle og derfor undgår nye udfordringer, som kunne styrke dig.

4. **Selvkritik udløser stress og kan føre til skamfølelse**
   - ○ Selvkritik kan udløse kroppens stressrespons, hvilket kan føre til fysisk og psykisk ubehag som anspændthed, søvnbesvær og angst. Desuden skaber selvkritik ofte en følelse af skam, som kan gøre det svært at søge støtte fra andre, hvilket øger følelsen af isolation.

5. **Selvkritik forhindrer dig i at udøve selvmedfølelse**
   - ○ Selvkritik gør det svært at være venlig mod dig selv og forstå dine egne behov. For at praktisere selvmedfølelse

kræver det, at du møder dig selv med mildhed, særligt i svære øjeblikke. Selvkritik og selvmedfølelse kan derfor ikke sameksistere.

6. **Selvkritik kan føre til udbrændthed**
   - ○ Når du konstant presser dig selv og kræver perfektion, uden at give dig selv tilladelse til at være uperfekt, risikerer du at blive udbrændt. Denne overbelastning gør det sværere at håndtere udfordringer og kan føre til en tilstand af udmattelse.

For at bryde fri af denne negative cyklus kan det være nyttigt at fokusere på de tre dimensioner af selvpleje: selvmedfølelse, selvomsorg og egenomsorg. Disse dimensioner kan skabe en helhedsorienteret og bæredygtig strategi, der hjælper dig til at reducere selvkritik og opbygge en stærkere følelse af trivsel og selvværd.

Løsningen: Skab en balance mellem selvmedfølelse, selvomsorg og egenomsorg

For at reducere selvkritik og opnå en langvarig trivsel er det vigtigt at skabe balance mellem de tre dimensioner: selvmedfølelse, selvomsorg og egenomsorg. Hver af disse dimensioner har sin egen unikke rolle i at skabe et fundament af positiv selvopfattelse og velvære. Ved at balancere disse tre aspekter kan du udvikle en langsigtet, resultatorienteret tilgang til selvomsorg.

Dimension	Definition	Fokus
Selvmedfølelse	At møde dig selv med venlighed og forståelse, især når du oplever modgang eller fejl	Emotionel forståelse og reducering af selvkritik
Selvomsorg	Konkrete handlinger, der sikrer fysisk og mental trivsel gennem daglige vaner	Korte, opbyggende handlinger, som forbedrer sundhed og velvære
Egenomsorg	En holistisk tilgang til trivsel med fokus på balance og forebyggelse i hele livsstilen	Langsigtet balance mellem arbejde/uddannelse, relationer og personlig tid

Ved at integrere disse tre dimensioner skaber du en bæredygtig, resultatorienteret strategi, hvor du kan reducere selvkritik og opbygge en stærkere følelse af selvværd og trivsel. Her er nogle konkrete øvelser, der hjælper dig med at balancere selvmedfølelse, selvomsorg og egenomsorg i praksis:

1. **Selvmedfølelse: Omformuler dine selvkritiske tanker**
   - Når du mærker en selvkritisk tanke, prøv at omformulere den til en mere støttende indre dialog. For eksempel kan du ændre "Jeg er ikke god nok" til "Jeg gør mit bedste, og det er en indsats, jeg kan være stolt af." Ved at tale venligt til dig selv skaber du en positiv indre stemme, der kan reducere selvkritik.

2. **Selvomsorg: Daglig refleksion over positive handlinger**
   - Skriv hver aften én positiv handling, du har udført for dig selv i løbet af dagen, fx en gåtur, en sund snack eller en pause. Denne refleksion hjælper dig med at værdsætte dine egne handlinger og opbygge en positiv vane, som understøtter dit velvære.

3. **Egenomsorg: Ugeplan for balance mellem arbejde og fritid**
   - Planlæg din uge med fokus på balance mellem dine forpligtelser og tid til dig selv. Overvej, hvordan du kan fordele dine aktiviteter, så du ikke overbelaster dig selv. En langsigtet balance skaber et fundament for trivsel og forebygger udbrændthed.

4. **Brug fællesskabet "vi" og "os" til at reducere selvkritik**
   - Når du ser dig selv som en del af et større fællesskab, reducerer du følelsen af isolation. Vi har alle fejl og oplever udfordringer. Ved at se os selv som en del af "vi" kan vi møde os selv og andre med forståelse og støtte.

Dette skaber en følelse af samhørighed, som reducerer skam og øger din trivsel.

"Omformuler dine selvkritiske tanker"

En bæredygtig vej til trivsel uden selvkritik

Ved at skabe en balance mellem selvmedfølelse, selvomsorg og egenomsorg kan du opbygge en langvarig og bæredygtig strategi, der fremmer trivsel uden selvkritik. Når du udvikler en venlig indre dialog gennem selvmedfølelse, etablerer opbyggende vaner gennem selvomsorg og skaber en helhedsbalance gennem egenomsorg, bliver du i stand til at skabe et liv, der er præget af indre ro, balance og selvrespekt.

At møde både dig selv og andre med selvomsorg styrker din mentale og emotionelle robusthed og giver dig evnen til at navigere udfordringer uden at falde tilbage i selvkritikkens fælde.

22: Fejr de små sejre

Et vigtigt element i at handle er at fejre de små sejre undervejs. Det er let at overse de små fremskridt, men det er netop disse, der bygger fundamentet for større succes. Hver gang du tager et lille skridt fremad, er det vigtigt at anerkende det som en succes. Dette kan være noget så simpelt som at markere det på en liste, give dig selv et klap på skulderen eller sætte en skrue i krukken.

Anerkendelse styrker motivationen

Når du gør dette, styrker du din indre motivation til at fortsætte. Fejringerne fungerer som positive forstærkninger, der gør det lettere at fortsætte med at tage små skridt fremad, selv når vejen ser svær ud. Hver lille handling og fejring bliver en del af en selvforstærkende cyklus, der gradvist skaber en følelse af momentum og styrke.

Små sejre kan ændre din opfattelse af, hvad der er muligt, og gør dig mere modstandsdygtig, når du støder på forhindringer. De mindsker risikoen for, at du mister modet, fordi du bliver bekræftet i, at du er på rette vej.

Langvarige effekter af små handlinger

Over tid vil du opdage, at de små handlinger, du har taget, har akkumuleret til en betydelig forandring. Små skridt som at tage en gåtur, række ud til en ven eller skrive dine følelser ned kan virke trivielle, men det er netop disse handlinger, der over tid kan føre til en større personlig transformation.

Når du ser tilbage, vil du indse, at det ikke var en stor dramatisk handling, der ændrede alt, men en serie af små, men konsekvente handlinger, der førte dig fremad. Denne erkendelse kan give dig styrke og tillid til, at du kan klare fremtidige udfordringer, uanset hvor overvældende de måtte synes i øjeblikket.

Små handlinger i praksis

Det kan være en god ide at skabe en praksis for at anerkende og fejre dine små sejre:

- **Skriv en liste:** Marker de opgaver, du har gennemført, og giv dig selv tid til at nyde, at de er klaret.
- **Brug symboler:** Find en visuel måde at markere dine fremskridt på, som at lægge en perle i en krukke for hvert skridt.
- **Del med andre:** Fortæl en ven eller familie om dine små succeser, og lad dem fejre med dig.
- **Beløn dig selv:** Skab små belønninger, der motiverer dig, som at tage en pause eller gøre noget, du nyder.

Opsummering

- **Start småt:** Tag små, enkle skridt, der er lette at gennemføre.
- **Skab momentum:** Lad de små skridt føre dig fremad og skabe en følelse af fremgang.
- **Strukturér dine handlinger:** Fokuser på det, du har kontrol over, og søg støtte til det, du ikke har kontrol over.
- **Fejr fremskridtene:** Anerkend og fejr hver lille sejr undervejs.

"*Når du ser tilbage, vil du indse, at det var summen af de små skridt, der gjorde forskellen*"

- **Langsigtede resultater:** Små skridt fører over tid til store forandringer.

Ved at fejre de små sejre gør du rejsen gennem krisen mere bæredygtig, overskuelig og endda inspirerende. Det handler ikke kun om målet, men også om at nyde vejen derhen.

23: Timingens kraft – at fange øjeblikket

Forestil dig, at du er kaptajnen på dit eget skib, sejlende på livets hav. Nogle dage er vandet stille, vinden blid, og solen skinner klart på din rute. Disse dage er de stunder, hvor alt synes at gå efter planen, og du har overskud til at nyde udsigten, reflektere og planlægge den videre rejse.

Andre gange blæser det op, bølgerne vokser, og stormene truer med at kaste dig ud af kurs. Disse er de øjeblikke, hvor livet stiller krav til din beslutningskraft, dit mod og din evne til at holde hovedet koldt under pres. Men hvordan klarer du dig gennem stormene? Det er ikke kun din styrke eller din erfaring, der afgør udfaldet – det er også din evne til at navigere, aflæse situationen og handle på det rette tidspunkt.

Forberedelse skaber muligheder

En dygtig kaptajn forbereder sig i fredstid – når havet er roligt, og skibet er stabilt. Han sørger for, at skibet er i perfekt stand: sejlene er reparerede, lastrummet er tømt for overflødigt ballast, og hver mand på skibet ved præcis, hvad han skal gøre, når stormen rammer. Denne forberedelse er essentiel, for det er i de stille perioder, at du bygger fundamentet for at kunne handle effektivt, når det gælder.

Men en god kaptajn ved også, at det ikke kun handler om at være klar til handling i de store øjeblikke – det handler om at integrere de små justeringer og forbedringer i den daglige rutine. Ligesom et skib ikke kan sejle ligeud uden konstant justering af ror og sejl, kan livet heller ikke navigeres uden løbende opmærksomhed og tilpasning.

At forberede sig er derfor ikke kun en praktisk disciplin – det er en mental øvelse i at være til stede og bevidst om de valg, der former din retning.

Timingens kunst: At handle på rette tid

Timing handler om mere end at tage beslutninger – det handler om at tage dem på det rette tidspunkt. Det kræver evnen til at aflæse tegnene omkring dig og anerkende, hvornår det er tid til at handle, hvornår det er tid til at vente, og hvornår det er tid til at trække sig tilbage og genoverveje.

For at mestre timing skal du udvikle din intuition, din evne til at observere og din villighed til at handle, selv når det føles ubehageligt eller risikabelt. Som kaptajnen, der må vælge det rigtige øjeblik til at sætte sejlene, handler det om at afveje risiko og belønning og være klar til at handle, når øjeblikket byder sig.

De tre sejl mod forandring

Når kaptajnen sætter sejl, gør han det ikke kun for at overvinde stormen, men også for at nå en ny destination. For at kunne sejle mod forandring har han tre vigtige sejl at sætte: små skridt, åbenbaringer og ændring af rammen.

1. Små skridt

Ligesom små justeringer i ror og sejl kan ændre skibets retning over tid, kan små skridt i hverdagen ændre vores kurs i livet. En kaptajn ved, at han ikke kan forcere vinden eller presset fra bølgerne, men han kan bruge de ressourcer, han har, til at justere skibets bevægelser lidt efter lidt. I hverdagen betyder det at finde de næste mulige skridt – og tage dem – selv når de virker små eller ubetydelige. Over tid skaber disse små skridt store forandringer.

2. Åbenbaringer

Som lynet, der pludselig oplyser nattehimlen og afslører skibets sande position, kan åbenbaringer give os klarhed i et splitsekund. En åbenbaring kan være en uventet indsigt, en ny måde at se verden på, eller en pludselig forståelse af, hvad der virkelig betyder noget. Men åbenbaringer kommer sjældent af sig selv. Ofte er de resultatet af at være åben, reflekterende og villig til at lytte til verden omkring dig.

3. Ændring af rammen

Nogle gange handler det ikke om at ændre retningen på skibet, men om at ændre kortet, vi navigerer efter. Vores overbevisninger, antagelser og de måder, vi opfatter verden på, er som det kort, vi bruger til at finde vej. Hvis kortet er forkert, kan vi sejle i cirkler uden nogensinde at nå vores destination. At ændre rammen handler om at stille spørgsmålstegn ved dine antagelser og være åben for nye perspektiver.

"Hvilket lille skridt kan du tage ud af krisen i dag?"

Praktiske værktøjer til timing og beslutninger

Hvordan kan du bringe disse tre principper i spil i dit eget liv? Her er nogle praktiske værktøjer og daglige rutiner, der kan hjælpe dig med at styrke din timing:

1. **Daglig refleksion**: Brug fem minutter hver aften på at tænke over din dag. Hvilke små skridt tog du? Oplevede du åbenbaringer? Er der noget i din ramme, du kan justere?
2. **Mindfulnessøvelser**: Træn din opmærksomhed ved at fokusere på nuet. Mindfulness kan hjælpe dig med at blive bedre til at aflæse situationer og fange øjeblikket.
3. **Planlægning i fredstid**: Udnyt de rolige perioder til at forberede dig. Lav en liste over de ressourcer, du har brug for, og planlæg, hvordan du vil handle, hvis en krise skulle opstå.
4. **Test nye perspektiver**: Spørg dig selv: Hvad hvis mine antagelser om denne situation ikke er sande? Hvad ville jeg gøre anderledes?
5. **Små eksperimenter**: Prøv små forandringer i din hverdag. Ligesom kaptajnen justerer sit skib med små bevægelser, kan små eksperimenter i din rutine give dig ny indsigt og energi.

At fange øjeblikket

Timing handler ikke kun om handling, men også om tålmodighed. Nogle gange er det bedste, du kan gøre, at vente, observere og lade tingene udfolde sig. Andre gange kræver livet, at du handler hurtigt og beslutsomt.

Kunstens kraft ligger i at kende forskellen og have modet til at gøre begge dele.

Ved at kombinere små skridt, åbenbaringer og ændringer i din ramme kan du blive en mester i timing. Og som kaptajn på dit eget skib kan du navigere gennem livets storme med styrke, klarhed og en dyb tillid til, at du vil nå din destination.

24: At afslutte en rejse – refleksioner og fremtidige skridt

Rejsen gennem kriser og udfordringer er ikke kun en proces med at overleve, men også en mulighed for at vokse og finde ny mening. Dette kapitel handler om at afslutte din proces, herunder også det at have læst bogen, på en reflekteret og konstruktiv måde, samtidig med at du ser frem mod nye mål og muligheder.

Refleksion som en afslutning

Når vi når enden på en svær periode, er det vigtigt at tage sig tid til at reflektere. Det giver os mulighed for at forstå, hvad vi har lært, og hvordan vi kan bruge disse erfaringer fremover. De samme 3 punkter kan du bruge som refleksion over processen at have læst bogen:

1. **Hvad har du opnået?** Tag dig tid til at anerkende de små og store sejre, du har opnået undervejs.
2. **Hvilke redskaber har hjulpet dig?** Identificér de strategier og værktøjer, der har gjort en forskel, så du kan bruge dem igen i fremtiden.
3. **Hvad vil du tage med dig?** Overvej, hvilke indsigter og erfaringer der kan styrke dig i kommende udfordringer.

At sætte nye mål

Afslutningen på en rejse er ofte begyndelsen på en ny. Ved at sætte klare mål for fremtiden kan du fortsætte din udvikling og bevare momentum.

1. **Definér dine prioriteter:** Hvad er vigtigst for dig i den kommende periode?
2. **Små skridt mod store mål:** Del dine mål op i mindre handlinger, så de bliver mere overskuelige.
3. **Evaluer løbende:** Reflektér over dine fremskridt, og juster dine mål efter behov.

Fremtidige skridt

Kriser vil altid være en del af livet, men ved at bruge det, du har lært, kan du møde dem med større styrke og mod. Husk på:

Afslutningen på en krise er en mulighed for at reflektere over, hvor langt du er kommet, og hvad du har lært. Ved at tage disse indsigter med dig kan du styrke din evne til at håndtere fremtidige udfordringer og fortsætte med at vokse som menneske.

Husk, at hver afslutning er en ny begyndelse – og din rejse mod et meningsfuldt og balanceret liv fortsætter.

"Husk, at hver afslutning er en ny begyndelse"

25: Afrunding: små skridt til et stærkere liv

At stå midt i en livskrise kan føles som at miste fodfæstet på en stejl bjergside – det er svært at se, hvordan man kommer videre, og frygten for at falde kan lamme. Denne bog er din guide med praktiske værktøjer og refleksioner, designet til at hjælpe dig med at tage små, men afgørende skridt fremad.

Hvad end du er i en krise nu, har været i en eller blot ser skyerne trække sig sammen i horisonten, er der noget, jeg ønsker, du tager med dig: Du er ikke alene. Mange før dig har kæmpet og fundet vej. Nogle gange er det en simpel handling, en ærlig samtale eller blot en pause, der tænder lyset i mørket.

Denne indsats handler ikke om at blive perfekt, men om at tage ansvar for dit eget liv, dine behov og dit velvære. Det handler om at fejre små sejre, stå fast på dine værdier og søge støtte, når du har brug for det. Mit håb er, at du efter sidste side ikke kun har værktøjerne til at klare kriser, men også en ny forståelse af, hvordan du kan leve et liv med større balance, dybere relationer og en styrket tro på dig selv.

Og husk altid: Vi og os er den korteste vej mellem mennesker. Jeg ønsker dig alt det bedste i din fremtid. Må du finde styrken i dig selv, omsorgen fra dem omkring dig og glæden ved de små skridt.

Med håb og taknemmelighed
Anders

26: Bidragydere

Tak til de mange, der gjorde denne bog mulig

Ingen rejse mod forståelse, indsigt og handling sker alene, og denne bog er ingen undtagelse.

Gennem dens tilblivelse har jeg været heldig at være omgivet af mennesker, der med deres tid, erfaring og perspektiver har givet liv til bogens ideer og formål.

Jeg vil rette en særlig tak til Trine Hougaard Bork for vedholdende støtte, omsorg og sparring gennem hele processen. Din evne til at holde mig motiveret og fokusere på det væsentlige har været en uvurderlig ressource.

En dybfølt tak går også til Mathias Møller Hansen, Ri Secher Grønkjær, John Sahl og Kathrine Madsen. Jeres ærlige feedback og inspirerende idéer har været afgørende for at skærpe bogens indhold. Det er takket være jeres opmuntring, at jeg fandt styrken til at navigere gennem de sværeste dage.

Jørgen Hansen og Inge Hougaard Hansen har med værdifulde bidrag og grundige test af bogens form og funktion løftet kvaliteten af det færdige resultat. Jeres erfaringer har været en stærk inspiration, især gennem jeres skarpe blik på formål, læsbarhed og struktur.

Jeg værdsætter også Sussanna Egholm Andersen, Jens Hynne Petersen og Camilla Tuborgh for jeres evne til at finde det essentielle i selv komplekse kapitler. Jeres input har været med til at sikre, at bogens værktøjer fremstår tydelige og brugbare.

Ib Ravn, Carsten Hald, Vibeke Valbæk og Roland Jørgensen – tak for jeres faglige viden og engagement. I har tilføjet dybde og troværdighed, som har styrket bogens fundament og relevans.

Tak til Mia Thurø Larsson, René Kappelgård, Jesper Lippert og Maria Bisgaard Sandal Axelsen for at gøre bogens indhold jordnært og relaterbart. Jeres perspektiver har givet bogen en nærværende og menneskelig dimension.

Til Marianne Pappe Ludvigsen, Pia Rask Birkbo, Lene Andrä, Stig Buus Olsson, Jovita Madsen og Rikke Rothmann Schad – jeres perspektiver og erfaringer har været uvurderlige for at forme bogens værktøjer og tilgang.

Til slut vil jeg gerne rette en dybfølt og oprigtig tak til Nina Rygård, neuropsykolog ved Kommunikationscentret i Region Hovedstaden, som gennem mere end et år har været en uvurderlig støtte og sparringspartner for mig i min personlige udvikling.

Nina har med sin store menneskelige indsigt, professionalisme og empati hjulpet mig med at forbedre min kommunikation, skabe klarhed i svære tider og tage de afgørende skridt til at forløse mit potentiale.

Jeg er dybt taknemmelig for din støtte, som har været en uvurderlig del af min proces, og for din hjælp til at finde styrke og retning, når jeg havde mest brug for det.

Af hjertet tak til jer alle. Jeres indsats har gjort denne proces rigere, og jeres bidrag har efterladt et varigt aftryk på bogen.

Jeg håber, at dette fællesskab og denne bog vil tjene som støtte og inspiration for andre, præcis som I har været det for mig.

”Succesen ligger ikke i at have løst problemet – den ligger i din vilje til at tage det første skridt”

Anders Damkjær Møller

27: Kildehenvisninger

1. Deci, E. L., & Ryan, R. M. (2000). The "what" and "why" of goal pursuits: Human needs and the self-determination of behavior. *Psychological Inquiry, 11*(4), 227-268. *(Autonomi, s. 230).*

2. Eisenhower, D. D. (1954). Prioritization Matrix. *Historical Lecture Notes.* General Eisenhower's System of Time Management.

3. Brown, B. (2012). *Daring greatly: How the courage to be vulnerable transforms the way we live, love, parent, and lead.* Penguin Random House. *(Sårbarhed som styrke, s. 45).*

4. Heraklit. (Cirka 500 f.Kr.). *Forandring er den eneste konstant* (oversættelse af filosofiske skrifter). *(Overordnet reference til filosofiske skrifter).*

5. Kabat-Zinn, J. (1994). *Wherever you go, there you are: Mindfulness meditation in everyday life.* Hyperion Books. *(Mindfulness i krisetider, s. 73).*

6. Covey, S. R. (1989). *The 7 habits of highly effective people.* Free Press. *(Prioritering og selvledelse, s. 85).*

7. Frankl, V. E. (1946). *Man's search for meaning.* Beacon Press. *(At finde mening i modgang, s. 101).*

8. Goleman, D. (1995). *Emotional intelligence: Why it can matter more than IQ.* Bantam Books. *(Følelsesmæssig intelligens i relationer, s. 140).*

9. James, W. (1910). *The principles of psychology*. Harvard University Press.
   (Adfærd og vaneændringer, s. 285).
10. Seligman, M. E. P. (2002). *Authentic happiness: Using the new positive psychology to realize your potential for lasting fulfillment.* Free Press.
    (Positiv psykologi i praksis, s. 67).
11. Dweck, C. S. (2006). *Mindset: The new psychology of success.* Random House.
    (Fastlåste vs. udviklende mindset, s. 32).
12. Csikszentmihalyi, M. (1990). *Flow: The psychology of optimal experience*. Harper & Row.
    (Flow-tilstanden i små handlinger, s. 54).
13. Tolle, E. (1997). *The power of now: A guide to spiritual enlightenment.* New World Library.
    (At være til stede i nuet, s. 89).
14. Neff, K. (2011). *Self-compassion: The proven power of being kind to yourself.* HarperCollins.
    (Selvomsorg som modvægt til selvkritik, s. 112).
15. Kahneman, D. (2011). *Thinking, fast and slow*. Farrar, Straus, and Giroux.
    (Hurtig tænkning i pressede situationer, s. 120).